·股权兼并收购经典·

门口的野蛮人

对冲基金与上市公司的战争

［英］欧文·沃克（Owen Walker）著　燕斐　张鑫 译

Barbarians in the Boardroom

Activist Investors and the Battle for Control of the
World's Most Powerful Companies

机械工业出版社
China Machine Press

图书在版编目（CIP）数据

门口的野蛮人Ⅲ：对冲基金与上市公司的战争 /（英）欧文·沃克（Owen Walker）著；燕斐，张鑫译 . —北京：机械工业出版社，2018.7（2025.9重印）
（股权兼并收购经典）
书名原文：Barbarians in the Boardroom: Activist Investors and the Battle for Control of the World's Most Powerful Companies

ISBN 978-7-111-60376-4

I. 门… II. ①欧… ②燕… ③张… III. 企业兼并-美国 IV. F279.712.1

中国版本图书馆 CIP 数据核字（2018）第 136167 号

北京市版权局著作权合同登记　图字：01-2018-1204 号。

Owen Walker. Barbarians in the Boardroom: Activist Investors and the Battle for Control of the World's Most Powerful Companies.

ISBN 978-1-292-11398-2

Copyright © 2016 by Pearson Education, Inc.

Simplified Chinese Edition Copyright © 2018 by China Machine Press.

Published by arrangement with the original publisher, Pearson Education, Inc. This edition is authorized for sale and distribution in the Chinese mainland (excluding Hong Kong SAR, Macao SAR and Taiwan).

All rights reserved.

本书中文简体字版由 Pearson Education（培生教育出版集团）授权机械工业出版社在中国大陆地区（不包括香港、澳门特别行政区及台湾地区）独家出版发行。未经出版者书面许可，不得以任何方式抄袭、复制或节录本书中的任何部分。

本书封底贴有 Pearson Education（培生教育出版集团）激光防伪标签，无标签者不得销售。

门口的野蛮人Ⅲ：对冲基金与上市公司的战争

出版发行：机械工业出版社（北京市西城区百万庄大街 22 号　邮政编码：100037）
责任编辑：董凤凤　　　　　　　　　　　　责任校对：李秋荣
印　　刷：北京富资园科技发展有限公司印刷　版　　次：2025 年 9 月第 1 版第 14 次印刷
开　　本：170mm×230mm　1/16　　　　　印　　张：13
书　　号：ISBN 978-7-111-60376-4　　　　定　　价：70.00 元

客服电话：（010）88361066　68326294

版权所有·侵权必究
封底无防伪标均为盗版

| 目 录 |

BARBARIANS IN THE BOARDROOM

注释来源
作者简介
致谢

| 第一部分 | 引 言

第 1 章　**谁是激进投资者**　2

　　企业掠夺者到激进投资者　3
　　激进主义者的崛起　6
　　卡尔·伊坎：激进投资者的教父　8
　　保罗·辛格尔：主权债务秃鹫　9
　　纳尔逊·佩尔茨：自称为构建式激进主义者　10
　　丹·勒布：大规模杀伤性信函　11
　　拉尔斐·怀特沃斯：公司治理专家　12
　　杰弗里·乌本：长期投资者　13
　　巴里·罗森斯坦：外柔内刚之道　14
　　克里斯·霍恩：英国乐善好施的激进主义者　15
　　比尔·阿克曼：肆意的激进主义者　16
　　杰弗里·史密斯：首席执行官最害怕的投资人　17

第 2 章 激进主义者想要得到什么，他们如何得到想要的　18

激进主义者想要得到什么　18
公司治理变革　19
将钱还给股东　20
企业重组　21
董事会和管理部门变革　21
复杂的并购和购置　22
收购　23
暴跌的股价　23
激进主义者如何得到他们想要的　24
发现目标　24
创始投资和初步联系　25
投票代理权的角逐　26
防御策略　28
股东大会　29

| 第二部分 | 战　争

第 3 章 达登餐饮公司的董事会政变　32

太多面包条　32
快速服务　34
增加一些激进主义者　36
更多的激进主义圈　38
武装准备　40
特殊的会议　42
愤怒的龙虾　44
损害限制　46
董事会政变　48
余波　51

第4章　雅虎包围战　55

从航线到在线　55

进行交易　56

毒辣的笔头运动　58

在董事会却不在董事会会议室　60

笨蛋和小丑　63

重启大规模毁灭行动　68

阿里巴巴和激进投资者　70

资产剥离的巨大改变　72

第5章　美国艾尔建和非正式联盟　76

文化冲突　76

有创造力的伙伴　78

珍珠港时刻　80

沟通破裂　82

纸牌屋　85

投标报价　88

寻找救星　92

第6章　杜邦得不偿失的胜利　96

化学反应　96

化学分离　97

备选方案　99

暴风雨前的平静　101

战线分明　103

杜邦的提议　105

权衡得失　107

最后一击　109

表现问题　112

| 第三部分 | 解　决

第 7 章　**微软关键的"休战"决定**　116
　　柔和的软件方法　116
　　来自投资者的压力增加　118
　　并不平静的董事会会议室　120
　　ValueAct 逐渐扩大的影响　122

第 8 章　**惠普四面楚歌的董事会**　125
　　董事会会议室的戏剧性事件　125
　　硅谷上演的肥皂剧　125
　　又一位离开的首席执行官　128
　　重燃敌对行为　130
　　激进主义者后遗症　134

第 9 章　**沃尔格林和特洛伊木马**　136
　　意见一致　136
　　没有疗效的药　137
　　厌恶情绪对调　139
　　贾纳的 B 计划　144
　　安排好的联合博姿　146

第 10 章　**联盟信托千钧一发之际停火**　149
　　被下毒的金杯　149
　　麻烦重重的折扣　150
　　散户投资者的重要性　152
　　媒体斗争　154
　　过度游说　155
　　香槟后遗症　157

| 第四部分 | 结 论

第 11 章 **激进主义者示威游行** 162

美国的新兴之城 162

山头的金子 163

实现和平 166

最好的亦敌亦友 169

欧洲紧闭之门的背后 171

英国的激进主义：可能，终会到来 171

进入欧洲大陆的壁垒 174

亚洲敞开大门 176

对冲基金日益兴起的地方 177

在首尔寻求机会的投资者 180

第 12 章 **期望的负担** 183

后记 187

参考文献 193

| 注释来源 |

BARBARIANS IN THE BOARDROOM

    本书所包含的信息几乎全部源于对相应事件中人的采访（其中许多未署名），以及公司和法律文件（这些文件都是作者拥有的、公开有效的信息）。除非有特别标注，否则本书所有引用都来自访谈内容。其他信息来源和相关阅读材料可以在参考文献中找到。

| 作者简介 |

BARBARIANS IN THE BOARDROOM

欧文·沃克是美国、英国及欧洲地区涉及商务、投资领域得过奖的记者。他是《金融时报》伦敦特别记者小组责任编辑,曾任《金融时报》为美国董事会特别发行刊物的议程主编。他曾是培生集团养老金计划的董事。

| 致　谢 |

BARBARIANS IN THE BOARDROOM

首先，我要感谢在本书提及的故事中发挥重要作用的人，他们慷慨地牺牲自己的时间，花费了几个小时跟我叙述自己错综复杂的故事。我还要感谢调研公司的一些人，他们花费大量的时间和精力免费为我编制特定的数据集，尤其是 Activist Insight 公司的 Josh Black。我还要感谢我在《金融时报》出版社的编辑 Chris Cudmore，他帮助我从最初的概念转化成本书，并在整个写作过程中为我提供建议。

其次，我要感谢我在纽约的前经理 Andy Willmott 和 Dan Fink，他们让我在白天的工作中有时间和空间调研并写成本书。我还要感谢 Amanda Gerut，她就自己有关企业管理方面广博的知识为我提供了见解。还有 Tony Chapelle，感谢他对我提出的保持健康以及冷静的建议，以及我之前议程的小组成员：Melissa Anderson、Lindsay Frost、Marc Hogan、Jake Safane 以及 Lisa Botter。

最后，我要感谢家人的耐心支持。我的父亲 John，是最开始认为这是一个好题材的人。还有我的母亲 Edwina，以及 Sandra、Jo、Jack、Rose、Rory、Aibhe、Cliff、Sue、Dorothy、Alex、Priya、Leah、Lucy 和 Matt。但是最感谢的是我的妻子 Sarah，感谢她始终如一的支持和鼓励，更不用说每天为我准备的美味食物了。没有你，我什么都不能完成。

第一部分 | 引言
BARBARIANS IN THE BOARDROOM

| 第1章 |

谁是激进投资者

人们对激进投资者的看法有着很大的分歧。一部分人认为，激进投资者是资本主义的首要功臣，是亚当·斯密的得道弟子，他们掌管着企业和董事会，例证出业绩最差的案例，确保企业符合股东的最大利益。另一部分人则认为，激进投资者正是受贪婪驱动的短期主义盛行的社会典型，他们为了攫取运作良好的公司的宝贵财产而不择手段——削减职位和研究预算，以便在目光转向下一个目标前快速捞上一笔。

> 人们对激进投资者的看法有着很大的分歧。

激进投资者得到了等量的赞扬和批评。日本首相安倍晋三欢迎激进投资者进军日本，他表示激进投资者的出现能够改革陈旧迂腐的董事会，相应地，也可振兴低迷的日本经济。不过，希拉里·克林顿则指责这些"只点火不抱柴的大亨"迫使企业牺牲自身长远发展来做出短期效益的决策。

全世界最知名的激进主义者同时也是最受人敬仰又最让人充满惶恐的投资者。目前由一小部分精英运作的激进对冲基金在美国地区的大公司发挥着重要影响——这种影响正逐渐席卷全球，而且其力量越来越强大。在过去的十年里，受到激进主义者的逼迫而做出完全转变的公司的规模变得越来越大。辉盛（Fact Set）研究公司提供的数据表明，自2009年以来，在标准普尔500指数公司覆盖的美国500家上市公司中，超过40%的公司成为激进审查的目标，其中15%要面对公开对峙的局面。

无论是科技巨头（微软、苹果、索尼）还是历史悠久的公司（苏富比、杜邦、劳斯莱斯），无论是全球最大的品牌（宝洁、麦当劳、百事）还是国内产业（加拿大太平洋铁路公司、莫里森超市），各式各样的公司都面临激进主义者施加的压力。随着他们的名声和财政影响逐渐扩大，激进主义者有能力向更大的公司发动更为大胆的战役。

从本质上看，激进投资者的方法相对直接。当他们判定一家公司做出彻底改变的时机已经成熟之后，就会买下公司的一部分——通常是5%～10%的股份，然后以股东的身份游说公司进行改变。激进主义者会尝试通过会议和信函等方式影响目标公司的董事会与管理层，也会通过法院、媒体和与其他投资者的关系对其进行进一步施压。

本书讲述的内容是激进对冲主义是如何变得如此成功并富有影响力的。在这几章中，我们将会涉及激进主义者主要想从公司获得什么以及他们如何使公司顺从自己的意愿等内容。通过对近几年一系列重大的激进运动进行案例分析——这些案例基于访谈，我们将会探究当激进主义者对这些全球最大的公司进行游说时他们是如何表现的。总结看来，我们要考虑到激进主义是如何进行演变的。但是首先，让我们了解一下激进投资从何而来，其主要的领导者又是谁。

企业掠夺者到激进投资者

只要有上市公司，就会有意见不同的投资者试图影响公司的运行方式。即便是首家公开交易的跨国公司——荷兰东印度公司，也面临着一部分小股东的压力，要求在选择经理的事上有更多的发言权。1622年，他们发行了宣传手册，旨在让人们意识到组织高层的利益冲突。

但是，对于现代激进投资者运用的策略则只能追溯到半个世纪之前。在19世纪四五十年代美国经济萧条期间，少数金融学家相信自己能够帮助公司提高股价，并为投资者带来更多收益，这就是所谓的释放股东价值。像路易斯·沃尔夫森、汤姆斯·梅隆·埃文斯、利奥波德·西尔伯斯坦这样的投资者将目标定为如普惠或者20世纪福克斯这样的公司。他们试图重组管理团队，通过代理投票运动出席董事会，他们又被称为"代理人"。

> 对于现代激进投资者运用的策略则只能追溯到半个世纪之前。

在该时期一场具有决定性的运动中，沃尔夫森于1954年收购了芝加哥邮购零售商蒙哥马利·沃德公司6.5%的股份。沃尔夫森通过买卖像造船厂这样陷入困境的企业积累了个人财富，他想要取代蒙哥马利80多岁的董事长史威尔·艾弗瑞。沃尔夫森认为艾弗瑞囤积现金和关店的政策让公司难以对抗像西尔斯百货这样的对手。沃尔夫森在蒙哥马利的董事会代表权游说运动对今天的激进主义者有很大的影响。他前往美国9个城市，与同样是蒙哥马利投资者的伙伴见面讨论自己的计划。他劝说赞同他的蒙哥马利员工挨家挨户地鼓励其他股东为他的董事候选人投票。同时，他谴责蒙哥马利的经理手中拥有自己公司的股份太少，并未与更广泛的股东站在同一条战线上。沃尔夫森还成功地预测到即便自己没能获得所有他所争取的董事会席位，他的投资仍旧能得到回报。

在1955年5月蒙哥马利年度股东大会上，沃尔夫森的董事会候选人赢得了31%的票数。按照公司的规则，他和他的两个合伙人获得了董事会的席位。对于沃尔夫森来说，这场投票并不是他发动的这场战役的最终胜利，但是许多投资者被说服将票投给现任董事会，因为有人对他们说如果他们赢了的话，艾弗瑞将会退休，而他确实这样做了。艾弗瑞的继任者按照沃尔夫森所建议的方式，使用蒙哥马利的现金资产扩大生意并提高了股东的股息。随之蒙哥马利的股价飙升，这也成了股东激进主义的蓝本。

到了20世纪80年代，新一代投资鼓动者——臭名昭著的企业掠夺者登上舞台。这些金融家比沃尔夫森、埃文斯和西尔伯斯坦更为激进。他们按照公众的想象，着实将电影《华尔街》中的反面角色戈登·盖柯，活灵活现地再现了出来。在电影中，戈登·盖柯的口头禅就是"贪婪是件好事"。企业掠夺者如T.布恩·皮肯斯、阿舍·艾德曼、罗纳德·佩雷尔曼和詹姆斯·戈德史密斯爵士都试图接手并不想被接替的公司——也就是所谓的恶意收购，然后通常还要借一大笔钱来达成此事。如果投资者接手了公司，他们往往就会节省开支，卖掉部分公司以偿还欠款（这被称为资产倒卖），并在这一过程中为自己谋取高昂的利润。这些投资者认为许多综合性的大企业过于庞大和冗余，将其分解能够有赚钱的机会。他们相信对于许多超大的公司来说，整个公司的价值比不上拆分后各部分的价值总和。

在很多例子中，一旦投资者拿到了公司的巨额股份，他们就会向公司和其最大股东提议：要不就用极高的价钱来收买他们，要不就眼睁睁地看着公司被他们分解。这种做法被称为"绿票讹诈"，这些狙击手被贴上了"贪婪"和"自私自利"的标签。

然而，20世纪80年代后，企业掠夺者已穷途末路。企业律师运用巧妙的防御策略将狙击手驱逐了出去。其中，股东权益计划又被称为毒丸计划，是最有效的手段。当投资者收购公司一定数量的股票时（通常为10%～20%），该法律机制就会被触发。此时，公司将会向市场注入大量新的股票，从而使欲造成混乱的投资者手中的股票占比减小。因此，恶意收购者通过控制公司股份反抗董事会意愿的行为几乎不可能实现。此外，公司还可以增加资产负债表中债务的数量，使自己对于狙击手来说变得不那么有吸引力。

立法者还制定了一系列法律措施，帮助公司规避狙击手的操控。同时，

20世纪80年代末和90年代初非常繁荣的美国股票市场也使得投资者难以控制公司股权，因为股价越来越高昂。

但是企业掠夺者在自己垮台的过程中也扮演了重要的角色。几次大型交易失败以及他们大量欠债，令投资者和他们背后的支持者的损失大大增加。与此同时，戈登·盖柯的形象来源之一迈克尔·米尔肯因相关金融罪名控告被抓进监狱，他的投资银行德崇证券曾帮助许多企业掠夺者通过垃圾证券市场获得资金，因此这些投资者的信贷额度枯竭了。

激进主义者的崛起

21世纪初，对冲基金业以一种疯狂的速度崛起。其中一小部分基金不仅通过预测哪些公司会壮大来挣钱，还迫使公司自身进行改变。它们构成了迅速发展的对冲基金业的核心。它们和企业掠夺者一样有着相同的欲望想要煽动公司做出彻底的改变，但是它们的方式与20世纪50年代诸如路易斯·沃尔夫森这样的代理人更为相近。在新一代的激进投资者中，很多人都曾在20世纪八九十年代与企业掠夺者合作，在华尔街受到过教训，但是他们并没有过于关注完全掌控公司。他们更感兴趣的是买一小部分股权，然后通过自己在其他投资者、财务顾问和媒体中的影响推动变革。

因为他们在自己的目标公司里拥有的股份较小，对冲激进主义者在发动战役时比企业掠夺者需要的资本更少。他们所拥有的这些小部分股份让他们能够更为轻易地进出公司，这意味着他们能够将更多的公司设为自己的目标。另一个对冲激进主义者更喜欢小额股份的原因在于他们能够规避毒丸计划。

然而企业掠夺者的主要武器是其财政影响和对冲基金，而不是着重将自己的战役关注点放在判定目标公司的弱点上。这些可能与公司高层的结构和规则（即企业管理）有关，或者与公司的策略和资源分配情况有关。接着，激进主义者就会试图劝服其他股东相信有更好的计划来运营公司，而这个计划能够为所有的投资者增加利润。和企业掠夺者不一样（他们毫无疑问只在乎自己和背后支持者的利益），对冲激进主义者通常宣称是为了公司所有股东而努力改进现状。

激进主义者开始会将目标放在中小型公司上，通常在不引起公众注意的情况下进行操作。接着激进主义者便能够在这些小公司中用较少的资本投资积累大额股份。起初，对冲激进主义者看起来就像是投机者，他们的目标是规模小、运行状况较差的公司，这些公司不管怎样都需要进行改变。他们的努力唯一受到更广泛关注的时刻，则是他们用刺耳的言语批评自己目标公司的时候。

但是21世纪初美国一系列公司丑闻——尤其是著名的安然公司和世通公司破产事件，为激进主义者带来了未曾预料的繁荣。美国政府根据安然和世通的财务欺诈事件在2002年设立了监管法规《萨班斯－奥克斯利法案》，该法案制定了相关规定旨在改善公司运营方式，将公司治理放在核心地位。美国股市监管人也做了相应努力，比如美国证券交易委员会和证券交易市场本身都将规范和责任编入了董事会中。

这些丑闻令公司理事会成员备感尴尬，他们受到指责未能成功执行自己的信托责任和对公司管理的监管，而那些大股东也轻视了自己作为公司主人的责任。此时，大多数公司的股东从由个体和家族支配转变为由机构投资者组成。这些投资者主要分为两种：那些挑选公司进行投资的人如果不喜欢公司的运营方式就会卖掉自己的股份，比如积极管理型互惠基金、退休金计划、对冲基金和捐赠基金；另外一些人则根据指定索引对每一家公司都进行投资，而不考虑公司表现，比如被动型基金或者指数基金。

结果，很少有公司会有大股东对其进行长期投资，并对确信生意会持续成功感兴趣。企业丑闻为投资者带来了需求，使得他们对公司运营方式更加感兴趣，而对冲激进主义者自诩可能有方法解决这一问题。主要的机构投资者也会对自己的公司治理团队进行投资，以确保自己能够在所投公司进行良好运营中起到更为重要的作用。

2007～2008年金融危机给予激进主义者未曾预料的优势。起初,许多对冲基金和它们投资的公司一样都遭遇了股票价格下跌以及投资者撤回资金等问题,但是当一切尘埃落定时,激进主义者发现了生存下来的新机遇。

这场危机揭露了许多公司问题,因此激进主义者能够更加轻易地劝服其他股东赞同自己的改良计划是值得支持的。股价暴跌,于是许多大公司都想通过对冲激进主义寻求解决办法。激进主义者也开始得到有影响力的代理顾问的支持(他们在怎样进行股东选举投票上为更多被动投资者提供建议)。

同时,危机使公众和媒体对企业管理不善的例子产生了更浓厚的兴趣,比如高管薪酬过高,这是激进主义者非常乐意攻击的部分。世界各国政府设立法律允许投资者在总经理薪酬的事务上进行投票,即"股东决定薪酬",这也提高了公众对该事件的关注兴趣以及监管力度。他们还帮助提高了公司经理和股东之间的互动程度,因为董事会需要确保其投资者广泛支持自己的支付政策。

在金融危机后的几年中,几个知名度较高的对冲激进主义者(虽然不是全部)在占领更广阔市场的事例中表现得特别好,即使算上他们所花费的大笔费用。与此同时,他们在瞄准越来越大的目标上表现得无畏也持续吸引着人们的眼球。结果,向激进对冲基金流入的资金越来越多,它们因此能够寻找更大的公司。

现在我们来看看几个最有名的激进主义者,其中很多人在接下来的章节中会起到关键作用。

卡尔·伊坎:激进投资者的教父

卡尔·伊坎是企业掠夺领域中了不起的幸存者。他在20世纪70年代崛起,目前是最著名的激进投资者,在美国富翁中排名第20位,在世界富翁中排名第31位。1985年,在与环球航空公司的激烈摩擦中,伊坎被其总经理和董事长称为"地球上最贪婪的人"。伊坎接着变卖环球航空公司的资产以偿还自己用来购买公司的欠债，然后通过这种方式对其进行恶意收购。几年后，他将环球航空公司私有化，赚取个人利益4.69亿美元，而公司欠债5.4亿美元。这只是他所精心策划的几个有名的、残酷的收购之一。

现在伊坎80多岁了，但是他仍旧韧劲十足，只不过游戏从杠杆交易变成了对冲激进主义。除了以同种激进和轻视程度接近目标公司以外，伊坎的声名再起某种程度上是由于他强调公司治理原则和股东权利。他的投资清单上有来自各个行业的公司——包括几家能源公司，在2014年油价暴跌时重创了他的投资组合。近几年来，他将目光放在了硅谷的公司上，这为他带来了不小的成功。他是2014年从PayPal业务中分离出eBay购物的主要支持者，同时因为他对自己最大的投资对象——苹果公司的不断鼓励，让世界上最大的公司得以承诺为股东带来几十亿美元的回报。

伊坎比较喜欢的一种方式是邀请他在意的总裁去家里吃晚餐。在2015年《纽约时报》交易平台大会中，伊坎表示曾经为美国折扣连锁店家庭美元（Family Dollar）商店的总裁提供餐前酒，但是该总裁表示："我很想喝马提尼酒，但是这次会议我必须保持理智，不能丢掉我的智慧。"然后这位激进主义者回答说："对你来说，这样做也不会有任何帮助。"

保罗·辛格尔：主权债务秃鹫

虽然保罗·辛格尔的埃利奥特管理公司是最成功的激进投资公司之一，但是最令其知名的是他让国家政府陷入金融困境的战役。埃利奥特管理公司的主要做法是以超低价格购买不良债券，并以起诉相威胁，通过强势谈判争取最大偿付。2001年，由于阿根廷政府违约，该公司与其展开长期战斗，一路走上了美国最高法院。辛格尔的公司被阿根廷总统克里斯蒂娜·费尔南德斯·德基什内尔贴上了"秃鹫"的标签，曾几何时是南美国家的头号公敌。比较有名的事例是因为阿根廷政府拒绝满足埃利奥特管理公司的要求，该公司曾夺取阿根廷一艘海军舰艇。埃利奥特管理公司还曾在秘鲁和刚果共和国主权债务危机时进行过类似的投资。

埃利奥特管理公司的激进主义行动大多是由杰西·科恩所领导，他主要针对的目标是后端技术公司。其中包括不太出名的公司，比如思杰公司、Riverbed Technology 公司、瞻博网络公司和 Informatica 公司。近几年来，埃利奥特管理公司已经成为美国激进公司中少有将目标放在亚洲的公司，它主要针对的是通常被忽视的韩国市场。2015 年，埃利奥特管理公司与三星就欲并购其旗下两家子公司的计划进行了斗争。它在欧洲的目标主要有法国的阿尔卡特-朗讯公司以及德国的德马格起重机械公司、德国有线电视集团和塞拉西药店。

除了投资，辛格尔还是美国共和党候选人的一位主要捐助者，他曾为乔治 W. 布什和米特·罗姆尼的总统竞选提供大量资金。他还为保护同性恋权利和同性婚姻运动提供了大量资助。

纳尔逊·佩尔茨：自称为构建式激进主义者

另一个在 20 世纪 80 年代的交易世界中占有重要地位的激进主义者是纳尔逊·佩尔茨。他从大学退学成为一名滑雪教练，接着便去家族企业——一家食品批发分销公司工作。他父亲的生意准则"提高销售额，降低开销"成为他的生意经，他通过一系列交易逐步壮大公司，然后在 1978 年将其卖掉。20 世纪 80 年代，他开始和他的长期生意伙伴皮特·梅合作。他们两个人开始着手一连串逐步扩大的交易，用债务收购公司，减少开销，扭转业绩，然后将其转卖盈利。

佩尔茨和梅在 2005 年创办了特里安基金管理公司。佩尔茨将目标放在亨氏食品集团，这是特里安基金参与的两场代理战争之一，同时他还将目光放在2006年美国独立日举办的"国际吃热狗大赛"上。他相信这个番茄酱制造商一定错过了在这场电视节目盛宴上突出打广告的机会。一年后，特里安占据了亨氏两个董事会席位，而亨氏的标志在整场比赛画面中都有明显展示。佩尔茨对特里安所谓的"建构式激进主义"的做法备感骄傲，他成功地获得了董事会席位，并在未引起公开斗争的情况下推动了主要企业变革，比如卡夫食品公司、百事、纽约梅隆银行和美盛集团。

2006年佩尔茨将目标锁定为温蒂汉堡时，他出席了这一快餐公司的董事会议，将其与加利福尼亚州的对手In-N-Out汉堡进行了比较。他带来了海报大小的照片，分别展示了午餐时间每家快餐店外的样子。照片中In-N-Out店外排队的人都拐到了街角，而温蒂汉堡店外却门可罗雀。他还从两家店分别带来了一个刚做好的汉堡，准备在略显震惊的董事面前进行味道测试，以此说明温蒂汉堡的产品略差一筹。后来，佩尔茨成了温蒂汉堡的董事长。

丹·勒布：大规模杀伤性信函

丹·勒布代表了新一代激进主义者，他成了财经媒体的宠儿。他既在家与董事会做斗争，也会进行铁人三项、马拉松比赛，修炼八支瑜伽或在印度尼西亚冲浪。事实上，他所创办的对冲基金第三点（Third Point）公司，正是他在马里布海滩冲浪休息的过程中想出来的名字。但是勒布这些远离工作慵懒平和的行为活动，与他的专业形象毫不相符。

勒布的崛起要依赖于他所写的东西，他将其称作"大规模杀伤性信函"。在这些信函中，他对第三点公司投资的公司董事和高管进行人身攻击。接着他还会将这些信函附在公开文件中，以确保上述人物会得到大量媒体报道。2005年，在他写给美国星辰天然气公司首席执行官艾里克·西文的信中，勒布建议道："现在到了你应该辞去总裁和董事职务的时候了，这样你才能做些你更擅长的事，如去你汉普顿的海滨别墅打打网球或与社会名流共饮畅谈。解决你留下的这堆问题，应该让专业的管理人士或者跟公司有直接经济利益的人去做。"

1995年，勒布从家人和朋友手中拿到了330万美元的资金创办了第三点公司，从私人股权投资出发接着走向了不良债务分析师之路。在接下来的十年中，他主要针对小型企业建立起公司资产和个人声誉。虽然在金融危机中该公司受到了沉重打击，但是勒布通过在大公司上下注为自己重建财富获得了生机。

在过去几年里，勒布对目标公司的公开措辞不那么尖酸刻薄了，而第三点公司试图将自己的激进品牌推广到日本。2013年，当第三点试图让索尼剥离其娱乐产业资产时，勒布引起了演员乔治·克鲁尼的愤怒。他在该娱乐产业网站《好莱坞头条》上表示："（勒布）称自己为激进投资者，我觉得他应该是个外来议员，他就是想散布恐怖气氛让电影公司只想拍摄'大预算电影'。"但是勒布已经在日本找到了盟友——日本首相安倍晋三。

拉尔斐·怀特沃斯：公司治理专家

有些激进投资者因为他们较有侵略性的策略而闻名，而拉尔斐·怀特沃斯的惯用手段则是利用他对公司运行方式的兴趣和相关的专业知识。1990年，他写了一篇文章，呼吁对公司治理常规进行彻底审查。两年后，美国证券交易委员会接受了他的许多建议，这帮助激进投资者打开了大门。2007年，怀特沃斯煽动撤换家得宝公司总裁和四名经理，认为该总裁的修正办法与公司的股价表现不一致。

但是怀特沃斯和他的同行相比并没有那么具有公开对抗性，他更像是一位在危急时刻触手可及的公司治理专家。他服务于11家大型公司的董事会，还是其中几家公司的董事长。事实上，废物管理公司在1999年遭遇会计和内部交易危机时曾求助于怀特沃斯，接着怀特沃斯从董事变成了董事长。同样的事情还发生在 14 年后，当时怀特沃斯任惠普公司董事。

怀特沃斯在 1996 年与大卫·巴彻尔德共同创立了 Relational Investors 公司。20 世纪 80 年代，他们两人共同为企业掠夺者布恩·皮肯斯工作。在主要的退休金计划中，Relational Investors 公司都特别受欢迎。美国最大的退休基金——加州公务员退休基金就是 Relational Investors 早期的投资者，虽然最近几年其公开表示要避开对冲基金，但是它仍旧对 Relational Investors 进行投资。然而在 2014 年，Relational Investors 宣布将会逐渐停止运行，并卖出其投资。该年早期，怀特沃斯由于喉癌复发无限期离职。

除了投资行为以外，怀特沃斯偶尔奢侈的举动也会成为财经媒体之外的头条新闻。2003 年他当时的太太 50 岁生日时，怀特沃斯为了给她惊喜，请来保罗·麦卡特尼为她进行私人演出，这让这位对冲基金经理花费了 100 万美元为慈善组织 Adopt-A-Minefield 捐款。12 年后，在他自己 60 岁生日宴会上，他雇用滚石乐队为他在另一场私人聚会上进行演奏。这次花费了怀特沃斯 300 万美元。

杰弗里·乌本：长期投资者

和大多数其他的激进投资者不同，杰弗里·乌本刚开始是在共同基金公司美国富达投资集团工作。这样的背景使乌本在投资时具有不同寻常的长期眼光。在运营富达价值基金之后，同时受传奇选股人彼得·林奇影响，乌本转去私人股权公司 Blum Capital Partners 工作。2000 年，他和乔治·哈梅尔合作共同创办了 ValueAct 公司。乌本将该公司视作其投资的一种私募基金手段，在 ValueAct 投资平均超过 5 年的 15 家公司中，限制其证券组合。

ValueAct 公司的主要目标是知识产权行业，如医疗保健、技术和信息服务领域。公司有意努力与机构投资者和投资公司的董事以及高管建立深厚的联系。因为这些关系无论是从更广的股东基础还是目标公司本身来说，都对未来至关重要。

在创立 ValueAct 的前几年里，乌本遇到了对他而言最大的挑战。该公司在玛莎·斯图尔特生活全媒体进行了大量投资，这是一家与美国一位最有名的电视明星同名的媒体公司。斯图尔特因内幕交易被判刑，并且在其获刑入狱 5 个月时，ValueAct 已经成为该公司第二大投资者。玛莎·斯图尔特生活全媒体股价暴跌，乌本不得已成为其董事长，负责振兴企业。乌本后来向《华尔街日报》描述这段经历时表示，这就像是经历了"水刑"。此后，ValueAct 在幕后推动了如莎莉集团和汤森路透机构进行企业变革，与此同时还在微软、Adobe Systems 和摩托罗拉等公司取得了董事会席位。

巴里·罗森斯坦：外柔内刚之道

巴里·罗森斯坦是另一位在 20 世纪 80 年代金融世界得到过教训的激进主义者。在美林证券工作后，罗森斯坦说服传奇恶意收购专家阿舍·艾德曼将他收入麾下。整个 20 世纪 90 年代，他都在旧金山经营自己的私人股权公司，接着他在 2001 年回到纽约创办了贾纳合伙（Jana Partners）公司。

贾纳合伙公司以针对目标公司进行幕后操作而闻名，很少会出现公开斗争和冲突。罗森斯坦所采取的激进主义方法的特点在于"在丝绒手套下藏着铁拳"，即以柔克刚。在一次与西夫韦股份公司的战役中，他投资了 3 亿美元并要求连锁公司撤出营业情况较差的选址。因此，西夫韦关闭了 70 家超市并解雇了 6000 名员工。接着其股价飙升，然后被一家私人股权公司并购。贾纳还帮助如麦格劳-希尔公司和马拉松石油公司成功地打赢了剥离产业的战役。2015 年，贾纳向高通公司投资 200 万美元，推动其分解之路。这家芯片制造商因此给予贾纳两个股东席位，减少开支并修改了其高管薪酬计划。

与丹·勒布一样，罗森斯坦也热衷于瑜伽。在过去的 20 年中，他每周有 6 天早上会在自己的工作室里进行长达两个半小时的瑜伽练习。2014 年，他在汉普顿地产面向海滩的地区购买了一套价值 1.47 亿美元的房产，这是美国当时最贵的房子。但是购买房产并不是罗森斯坦唯一主要的花销。作为新泽西人，他曾经告诉《巴伦周刊》，他已经在全世界看了超过 160 场布鲁斯·斯普林斯汀的现场演出。

克里斯·霍恩：英国乐善好施的激进主义者

克里斯·霍恩的儿童投资基金（TCI）被许多人看成市场营销的手段。毕竟，有哪家公司愿意因为拥有这样一个有益的组织而被认为格格不入呢？公司的名称来自与其有历史渊源的儿童投资基金会，这曾经是公司的一个慈善部门，受到如比尔·克林顿等人的赞赏。自从霍恩和他当时的妻子在 2002 年创办了该慈善机构后，其对冲基金已经向该组织捐赠了 12 亿英镑，这些钱款被用于全世界与儿童相关的事业中，其中包括人体免疫缺陷疾病和艾滋病相关项目。然而，后来对冲基金和投资基金会都为霍恩和其妻子的高调离婚案而服务。该离婚案涉及 3.37 亿英镑，是 2014 年英国最大金额的离婚协议。

但是霍恩对冲基金的名字和他原本的慈善准则并不能与他激进主义的做法相匹配。虽然霍恩更喜欢让自己的生意暴露于聚光灯下，但是他仍旧以欧洲最难对付的投资者之一而闻名。2004 年，德国证券交易所德意志交易所准备接任伦敦交易所时，儿童投资基金是其一位主要的投资者。然而，霍恩认为这一举动没有意义，他成功地阻止了接任行为并最终使得德意志交易所的董事长失去了工作。霍恩是 2007 年导致荷兰银行剥离、变卖财产的关键人物，这直接加速了经济危机。

近几年儿童投资基金的表现就像过山车一样，在 21 世纪初期它有很大的盈利，但是 2010 年是其多灾多难的一年。它在成功投资英国皇家邮政（它是皇家邮政上市后最大的投资者）、欧洲宇航防务集团和美国新闻集团后名声再起。儿童投资基金是 2015 年全球表现最好的对冲基金之一，在其同行还在泥潭中苦苦挣扎时就已获得 14% 的回报。

比尔·阿克曼：肆意的激进主义者

比尔·阿克曼的事业和名声来源于他一系列大胆的豪赌。但是他从未让自己的既定目标落空，反而他几乎总是会取得巨大收益。1995 年，仅仅在其获得哈佛大学商科硕士三年后，阿克曼就进行了自己的第一场豪赌。通过他与别人合作创办的投资公司——Gotham Partners，阿克曼与保险和房地产公司莱卡迪亚全国控股合作，投标收购洛克菲勒中心。虽然投标并未成功，但是令 Gotham Partners 声名鹊起，又过了三年这家刚起步的公司就收到了 5 亿美元的投资。

10 年后，阿克曼又进行了一次豪赌，这次他的对手是全球最大的债券保险公司——美国城市债券保险公司。他投资了一大笔城市债券保险公司债务的信用违约互换，当 2008 年其暴跌时，阿克曼大赚了一笔。此时，他开始创立自己的激进型对冲基金潘兴广场管理基金公司。通过该公司，他将目标放在了温蒂汉堡、塔吉特百货和彭尼百货等企业上。然而，潘兴广场管理基金并未获得成功，最后以失去 5 亿美元资金收场。但是潘兴广场管理基金在 2012 年与加拿大太平洋铁路公司的对抗中获得了 7 个董事会席位（其中一个席位属于阿克曼），并使得该公司董事长辞职。人们普遍认为这是加拿大最成功的激进主义行动。

迄今为止，阿克曼最大的豪赌是他对营养品直销商康宝莱的负面打击。2012 年，他透露称对康宝莱进行了 10 亿美元的空头投注，实际上是打赌其股价会跌。接着阿克曼公开表示康宝莱股价下跌，还为其贴上了金字塔营销骗局的标签，称康宝莱不会让穷人知道这些事。然而，阿克曼此举令他陷入与康宝莱两个最大的投资者的直接矛盾中：同为激进主义者的卡尔·伊坎和丹·勒布。2014 年，阿克曼大肆炒作，进行了 3 个半小时的公开演说以对抗康宝莱，但是市场并未被他说服,股价实际上在此期间还上升了 25%。

杰弗里·史密斯:首席执行官最害怕的投资人

杰弗里·史密斯是典型的新一代激进投资者,更多地在正式的对冲基金公司工作,并决定运用自己所学到的东西创立自己的公司。在短暂接触法国兴业银行私募股权并购案例后,史密斯回到他父亲的饮料产业工作了几年,并于 1998 年以 2100 万美元的价格将其出售。接着,他在投资经理人 Ramius Capital Group 工作,几年后他负责领导其激进主义策略小组。2008 年,Ramius Capital Group 被考恩集团收购。

2011 年,史密斯与彼得·费尔德和马克·米切尔一道将策略小组从公司分离出去单独成立了公司,这就是 Starboard Value 公司。公司以最繁忙的激进主义者而知名,比起其他基金,它往往会同时处理多场投资战役。《财富》杂志曾将史密斯称为"首席执行官最害怕的投资者"。他所为人知晓的既是他针对目标公司的坚持不懈,也是他在寻找目标公司弱点时候的仔细、认真。

Starboard Value 的第一场主要战役是 2011～2012 年对抗美国在线公司。虽然史密斯取得美国在线董事席位的战役失败了,但是他成功迫使其董事长蒂姆·阿姆斯特朗从当地新闻网站撤出其网络,并将钱返还给股东。美国在线股价因此上涨 250%。接着,Starboard Value 将目光投向了欧迪办公用品公司。在这场战役中,史密斯获取了三个董事席位,成功免除了董事长尼尔·奥斯特里恩,并完成已经宣布的与 Max 办公用品的并购。但是史密斯和 Starboard Value 令整个美国董事会闻风丧胆的战役,是其 2014 年驱逐了整个达登餐厅的董事会,然后史密斯坐上了头把交椅。

| 第 2 章 |

激进主义者想要得到什么，他们如何得到想要的

激进主义者想要得到什么

激进投资者近几年在攻克公司董事会方面取得了巨大的成功——董事会是企业的指挥室，是进行高级决策决定谁来管理公司和如何运营公司的地方。辉盛研究系统提供的数据显示，2010～2015 年，激进主义者尝试获取了 1526 个美国董事会席位，其中 581 个席位被成功获取。争取董事会席位的战役通常被曝光在媒体之下，个性冲突和公共争议往往是很好的标题。正如在一场政治选举中，公司年度会议上戏剧化的股东投票会为激烈的竞选带来激动人心的结果。

> 激进投资者近几年在攻克公司董事会方面取得了巨大的成功。

但是获取董事会席位或者其实是扬言要为获得董事会代表权发动战争，通常很大程度上是激进主义者为达到目的所使用的手段。如果对冲基金在董事会内部获取代表权，它们就会对公司未来走向有所影响，而其他董事即便面临丢

掉席位的危险也会更乐意接受激进主义者的要求。

接下来在本书中，我们将会仔细观察几个近几年来最知名的运动。在每个案例中，激进主义者都尝试获取董事会席位，并在不同程度取得了成功。但是几乎在所有的例子中，获取董事会席位都只是这些激进主义者的目的之一。在我们对这些运动进行详细描述之前，我们先看看激进主义者对目标公司的需求有哪些不同类型，以及他们是如何投标的。

公司治理变革

激进投资者已经为看起来似乎在公司治理方面表现较差的公司找到了富有成效的策略。这其中包括高管薪酬标准过高的企业，这样的薪酬与股东利益不相一致，或者决定薪酬标准的人与相关高管关系过于亲密。

激进主义者通过处理对其运动至关重要的公司治理问题，可以收到来自多方的支持。在有争议的股东选举中，为大型投资者提供建议的具有高度影响力的代理顾问热衷于提高公司治理能力。他们表决的政策是从他们主要反对的公司政策，或者是如果要进行投票表决的话他们是否想要反对的政策和董事出发。如果激进投资者的运动主要针对企业变革，其他的投资团体（比如为社会负责的退休金计划、工会和专门投资基金），也会对其表示支持。

激进主义者特别针对的目标是能够在20世纪80年代对企业掠夺者的恶意收购进行防御的公司。他们采取的手段有毒丸计划和分层董事会，这些手段使得每年只有部分董事进行再选，避免了恶意投标者一次替换掉整个董事会。虽然这样的组织机构对打破恶意收购非常有效，但是大体上并不为投资者所欢迎。股东主张将这些手段视为限定董事对投资者责任的手段，并鼓励巩固董事会。

在过去10年里，激进主义者和其他股东在解除这些防御措施方面非常有效。2004年，53%的标准普尔500指数公司采用了毒丸计划，但是到了

2014年这个数字就降至6%。同期，标准普尔500指数公司拥有分层董事会的比例从53%降至10%。解除这些反收购措施导致董事会更加脆弱，从而增加了激进主义者手中的筹码。

将钱还给股东

另一个激进主义者喜欢的请求是让公司使用现金储备提高股东红利。最近几年，激进主义者也经常要求公司利用最低利率借钱，接着他们便可以用这些钱从投资者手里买回股份。这种手段可以减少在更大的市场上公司已发行股票的数量，同时意味着每股收益的增加。股价通常也会随之增加。

卡尔·伊坎和绿光资本的掌门人大卫·艾因霍温，这两位激进主义者分别进行运作迫使苹果公司向股东返还更多的钱。由于在一定程度上受其影响，苹果公司宣布到2017年将会返还股东2000亿美元现金。通用汽车公司是另一家迫于激进主义者压力向股东返钱的公司。2015年3月，它以50亿美元的股票回购计划做出回应。

这些举动对于其他投资者来说很流行，但是激进主义者推行这些计划时总是被指责为短期主义者。矛盾在于资金花在通过收购维护公司长期利益或者研发上会更好。实际上，标准普尔资本IQ公司发布在《华尔街日报》上的分析指出，2013年标准普尔500指数公司平均会在股息和回购方面花费36%的现金流，而这个数字10年前为18%。同期，公司花在工厂和设备上的资金从33%降至29%。然而，激进主义者认为目前最好应该将钱还给投资者，而不是用来收购或者研发。这是因为即便有成果，对于股东来说也要花很长时间才能取得的项目。

激进主义者和董事会在如何最好地利用公司现金储备上总是持不同的意见。激进主义者总是试图让高管失去信誉，以此令其他投资者对他们失去信

> 激进主义者和董事会在如何最好地利用公司现金储备上总是持不同的意见。

任，不相信他们有能力合理使用现金。如果激进主义者成功了，不止公司管理团队会变得动荡，公司还会被迫用现金回购股票，以此返还给投资者更多钱。

企业重组

激进投资者总会声称因为自己拥有更为客观的观点，所以比起目标公司的董事会和管理团队更有优势。反之，公司长期的雇员和经理可能会对一些业务线有所眷恋，而激进主义者则会表示自己仅仅会将工作看作可投资的财产。

结果，激进主义者经常迫使公司重组运行，可能是卖掉不赚钱的业务线或者将公司拆分为独立的个体和没有联系的部门。这些重组措施往往会导致裁员，也会受到管理者抵制，因为他们对别人指导自己如何运营公司感到愤愤不平。但是如果投资者相信重组会增加公司价值，他们就会响应激进主义者的号召。

> 激进主义者经常迫使公司重组运行。

2014年，卡尔·伊坎不断推动eBay为其网上支付部门PayPal创建出单独的公司，也就是所谓的剥离。他认为PayPal就其本身而言更有价值。但是他面临来自eBay董事会成员的反对，并与马克·安德森进行了公开争执。马克·安德森是eBay董事会成员之一，也是硅谷最有名的风险投资家之一。伊坎成功地劝服了足够多的其他股东相信自己的观点是有优势的，因此2014年9月eBay宣布与PayPal剥离。几周后，安德森退出了董事会。

董事会和管理部门变革

在激进主义者号召主管和高管等领导者时，他们所表现出的充满个性的矛盾本质通常足够吸引媒体的兴趣。与此同时，当激进主义者试图撤掉董事并换成自己的人选时，通常标志着激进主义者和目标公司之间存在着根本的矛盾。辉盛数据显示，2010～2015年，在美国进行的529场代理权战争中，有

152场让激进主义者成功得到了大部分董事会席位。

激进主义者想要得到的董事会席位数量，并不只取决于他们所拥有的公司股份有多少，还取决于他们所感觉到的自己能从其他股东处得到的支持有多少。激进主义者获得股东代表权的方式有两种，他们或者让公司同意接受自己的董事候选人，或者让公司陷入所谓的代理权争夺中并试图在公司年度股东大会上从其他股东那里得到足够的支持。

2011年对冲基金潘兴广场开始购买加拿大太平洋铁路公司的股票时，它认定该公司受到了其董事和主管的抑制。在潘兴此次非常成功的运动接近尾声时，它成功获得了几个大型投资者的支持，铁路公司的首席执行官、董事长和其他四个董事全部辞职，因为他们认为自己将会被投票出局。这意味着潘兴首席执行官比尔·阿克曼和该对冲基金其他董事会席位提名人获得了董事会的控制权，并且可以成功地在一个月后带来自己的首席执行官人选。

复杂的并购和购置

在某些情况下，激进投资者会将目标放在竞争对手正在并购的公司上，他们会煽动称将会改善经营环境，为卖方股东带来收益。2013年，激进投资商Starboard Value在购买猪肉生产商史密斯菲尔德食品公司5.7%股份的情况下，试图对其公司已经达成的对中国香港双汇国际控股有限公司的出售协议寻找其他替代办法。这场交易价值47亿美元，本应是中国竞争对手对美国公司进行的最大收购案。但是Starboard Value认为，不将史密斯菲尔德分解成三部分，对股东会有更高的价值。对冲基金公司Starboard Value试图为这场交易案找到替代方法，但是它失败了，于是交易继续进行。

在另一个案例中，德国药品批发和零售商塞拉西药店被其对手美国麦克森公司并购时，激进主义企业埃利奥特管理公司对塞拉西投资超过18亿美元。该对冲基金引导塞拉西对麦克森进行了一场猛烈的战争，要求其提高报价。最终，麦克森将其报价提高了 2.1%，而埃利奥特管理公司从整个投资中获益 13%，这主要来自其销售可兑换债券所获得的利润。辉盛数据显示，2010～2015 年，有 114 起激进主义运动旨在扰乱并购。

这种策略——激进主义者参与收购的最终阶段，并要求抬高并购价格——变得越来越流行，甚至有了一个朗朗上口的新词儿来形容这种行为——碰怒（bumpitrage）。

收购

当激进主义者强迫公司出售给竞争对手时，总会遭到人们对他们和其企业掠夺者前辈进行的比较。尽管激进主义者并不总能成功地促成收购，但是他们往往能够通过这样的行为从目标公司手中获取收益。

2012 年激进投资商东南资产管理公司购入处于苦苦挣扎中的燃气公司切萨皮克能源公司 13% 的股票，它对其表示应该考虑卖掉公司。上一年度，由于燃气价格下跌，切萨皮克股票下跌 40%，同时其首席执行官和创始人奥布里·麦克伦登遭到了投资者对其薪酬待遇的指责。虽然最终切萨皮克并未出售公司，但是迫于来自东南资产管理首席执行官梅森·霍金斯以及卡尔·伊坎的压力，公司允许两名激进主义者在董事会获得代表权。他们进而撤掉了麦克伦登首席执行官的职位。

在另一个案例中，2010 年 3 月，埃利奥特管理公司试图以 20 亿美元的投标价格购买软件公司 Novell 的产业。虽然 Novell 拒绝了其报价，但是公司同意考虑其他报价。仅在 6 个月后，Novell 同意以 22 亿美元的价格出售给竞争企业。埃利奥特管理公司因为在 Novell 有巨额投资进而在此次交易中获利。

暴跌的股价

负面运动是最饱受争议的激进主义策略。实际上，行业内部有些人认为因为其具有破坏性的本质，这种策略根本不应该属于激进主义。激进主义者所采取的手段就是所谓的在公司做空仓，即他们打赌公司股票会跌。接着激进主义者可能就会通过揭露公司舞弊行为或者强调不良运营状况公开做低公司。

> 负面运动是最饱受争议的激进主义策略。

如果其他投资者认同激进主义者，股价就会下跌，激进主义者就会因此获利。但是如果激进主义者未能说服其他人，股价上涨的话，他们就会损失巨大。

最有名的例子是比尔·阿克曼对抗康宝莱的 10 亿美元赌注。绿光资本的大卫·艾因霍温也对穆迪公司和麦克劳-希尔进行过做空。艾因霍温称这两家公司在金融危机之后"毁掉"了自己的声誉。但是，这两家公司都声称在艾因霍温履职后，其股价大涨。

这种策略逐渐流行起来，监测类似代理权战争的 Activist Shorts 的数据显示，2015 年有 171 起激进主义者公开做空运动，2014 年有 46 起。

激进主义者如何得到他们想要的

激进运动的结构各式各样，这要取决于激进主义者的需求、性格、目标公司的反应以及其他股东对该运动的反馈。然而，有一个经过反复检验的剧本是自路易斯·沃夫森和其同伴 20 世纪 50 年代以来沿用至今的方法。

在激进主义者或者目标公司突破万难赢得重大运动胜利后，这个剧本的部分章节就会被改写，将进化版的策略收纳进去。当激进主义者在有着不同文化风俗的新国家进行运动时，就会需要该剧本的外文翻译版。但是紧随而来就是典型运动的叙述大纲。

发现目标

激进对冲基金通常会有一个分析团队，专门花时间寻找因为可修复的因素导致运营不良的公司。他们会钻研公司的金融单据，与公司竞争对手、投资者和分析同行交谈，有时候亲自拜访公司以尽可能获得信息。一直以来，分析人士都在寻找公司的弱点，他们或者通过顾客对于该公司品牌的看法、公司在某产业方面的过度开支，或者通过公司治理问题来寻找。激进主义者不仅将这些视为要攻克的领域，也将其看作指出公司弱点时要揭露的缺陷。

近几年激进主义者日益增长的影响让他们发现可行的目标变得既简单又困难。董事会已经开始意识到避免吸引激进主义者最简单的方式，就是在他们注意到之前先处理掉自身缺陷。最近几年，董事会着重努力加强企业管理规范，其中包括解决投资者对过高的高管薪酬的担忧以及引进看起来有利于股东的政策。

然而，激进主义者的成功也让其他投资者更少地将他们看作图私利的鼓动者，而更多地将他们视为潜在的变革代理人。有趣的是，激进主义者表示所谓的激进主义需求有所增长，这是因为像互惠基金和退休金计划这样的长期投资者，会对激进主义者泄密自己所投资的公司有哪些不良表现。这些投资者不会陷入与公司的公开争执中，他们反而希望激进主义者能够代表自己推动改革。

激进主义者判定目标公司的部分标准还包括，如果他们发起运动的话是否会得到其他投资者的支持。当激进主义者收到公司主要股东的泄密时，就可以理解为接下来他们会得到支持。

创始投资和初步联系

一旦激进主义者确立了目标，他们就会在该公司购进股票。当股票数量达到一定程度时，他们就会与目标公司的股东或管理团队进行初步联系，告知他们自己购进的股票数量。在这些幕后会议中，激进主义者会让目标公司的代表了解自己对其公司的看法，公司的弱点是什么，应该做些什么改变。虽然公司代表对这些初始建议的反应会为双方将来的接触定下基调，但是这些讨论表面上都是非常诚恳的。

据美国《证券法》规定，如果激进主义者购买公司 5% 的股票，美国证券交易委员会要求其在 10 天之内上交股东单独或合并持有 5% 以上公司股份的公告，即 13D。这个文件也会被公开，因此如果一个新的投资者准备进行收购行动或者试图影响公司时，所有的股东都会知晓。公告中必须包含所有的投资者买进公司股票意图的相关细节，也可以选择附上相关文件。

紧随这些文件而来的是投资管理行业和媒体。结果，激进主义者通常会利用 13D 文件获得公众关注，打响他们战役的第一枪。激进主义者通常会用到的一个策略是给目标公司的董事会或者首席执行官一封措辞强烈的信函，尤其是在他们与公司的初步联系并不顺利时。他们在信函中用到的语言越丰富，媒体报道越多，此时公司股价就会越剧烈震荡，尤其是当其他投资者相信激进主义者会为公司带来积极影响的时候。激进主义者可能会在 13D 公告中附上自己对公司详细的分析以及他们所提议的改革——这些通常会被写在所谓的白皮书上。

假如激进主义者要推进美国公司进行并购或者出售，根据《哈特－斯科特－罗迪诺反垄断改进法案》，他们需要通知美国联邦委员会以及司法部。这两个联邦机构会用 30 天审视他们的方法，以确保他们的手段没有违反竞争法案。

投票代理权的角逐

如果到这个时候，激进主义者还不满意公司董事会和管理团队的回应，他们可能就会认为败局已定，决定撤除投资并寻找下一个目标。但是也很有可能，他们会摩拳擦掌准备与公司开始所谓的代理权战争。现在这个过程开始更像政治运动了。

公司年度大会相当于竞选日，在这一天股东可以投票选择公司将会采取的政策，以及接下来的一年董事会将由哪些董事组成。作为准备，如果激进主义者决定试图替换掉之前的董事，他们就会将自己对公司的竞选宣言和替换的董事候选人名单放到一起。如果这些候选董事得到了足够多的股东投票，他们就能够在董事会内部推动公司改革。激进主义者通常会推荐自己作为董事候选人。

一旦持不同意见的投资者在公司年度会议上表达自己要挑战该公司的意图，这场代理权战争就开足了马力。此时，交战双方都喜欢雇用代理律师——他们的作用和政治谋士很像，评估公司更广阔的股东基础以算出最大的投资者倾向于支持哪一方。接着代理律师就会为了客户的利益，利用他们和机构投资者接触的机会将其争取过来。他们也会花时间努力与个人股东接触（通过邮件或者电话）以说服他们支持自己的客户。

可以说代理权战争中最重要的组成部分是代理顾问，他们主要受三方控制：机构股东服务公司（ISS）、机构投资顾问格拉斯·刘易斯以及美国独立评级机构伊根-琼斯。他们受聘于大型投资者，这些人在几百家不同的公司都有投资，为投资者如何在股东选举上进行投票提供建议。因此，代理顾问在投资者如何进行投票上有相当大的影响力，同时他们还尤其对矫正不良的公司治理问题感兴趣。因为听从代理顾问建议发现自己站错了队的股东经常会指责代理顾问与激进主义者交往过密。对于这样的指责，代理顾问自己通常会予以否决。

正如政治家会为了大选花上几个月进行路演，激进主义者和公司首席执行官也是如此。在整个代理权战争中，激进主义者和高管都会着手集中力量与公司的最大股东进行面议。双方会带着自己的律师和顾问，飞行几千里拜访主要投资者，然后说服他们相信自己对公司未来的计划是最有力的。

同时和政治选举一样，政治顾问也起到了重要作用。激进主义者和目标公司通常会雇用有竞争关系的公关公司，通过出现在媒体上或者利用外宣材料发动更为公开的战争。公关专家会利用新闻稿和辛辣的表述抨击新闻记者，正如交战双方都会批评对方过去的记录和未来的计划一样。在竞选董事席位的时候，这些公开争论通常就会变得私人化，在职者和董事候选人的个性与名誉被频繁地放在聚光灯下。正如政治运动一样，这些人身攻击也有其阴暗面。雇用私家侦探挖掘对方的黑料，以此在股东投票之前诋毁对方的行为并不少见。

在级别较高的代理战争中，双方都会创立一个网站——这些网站的特色是带有虚有其表的视频和演示以推进他们自己的项目。当个人股东在目标公司投资者基数中占据很大比例时，双方可能都会决定大量投放新闻和在线广告以说明自己的相关信息。

虽然鲜有人知，但另一个公关策略是利用各领域的广泛支持，也就是所谓的第三方拥护者。这些专业人士可能是学者、杰出的商人或者特定的运动家，但是他们与战争本身并没有明显的联系。按照精心策划的时间，他们会为媒体写出几条建议和几封信，或者公开说明在代理权战争中支持某一方，想方设法地动摇公众舆论。而在此期间，他们都会表现得与这场战争毫无关系。

其他激进主义者可能也在战争中贡献了自己的力量。在有些情况下，一个或者多个激进主义者可能会和最初的激进主义者在目标公司或者投票厅一起购入股票，他们被称为狼群。

防御策略

随着激进主义者对战准备不当的公司取得一系列高调的胜利，董事会现在更关注确认自己在面对激进主义者进攻时是否做好了准备。它会从法律公司和投资银行雇用顾问团队，以确认公司在防御激进主义者的战役中有获胜的机会。现在董事会在适当位置安排一个小团队已经成了一种标准常规，这个团队包括高级经理、律师和其他顾问，他们用来回答企业是否可能吸引激进主义者的注意。这个团队会经常进行实战演练，准备应对很多人认为几乎是注定要面对的激进主义者进攻。

因此，董事会现在更注重与他们的大型投资者全年保持密切联系，即便激进主义者发动攻击，他们也已经和自己的最大投资者进行过公开对话，可能已经注意到潜在的问题了。

目标公司的"防御剧本"近几年经过几次修改。现在激进主义者进行初次接触时，公司代表并不倾向于拒绝自己难以掌控的想法了。高管和董事更喜欢给人留下自己愿意采纳意见的印象，即便私下里他们并没有打算将其付诸实践。同样地，如果激进主义者将白皮书公之于众，陈述自己的分析和提议，公司的官方回复通常是接受意见并欢迎他们加入股东。

随着代理战争不断演进，哪一方会获得支持就变得更加明显了，此时双方都认为避免股东投票而进行协商停战能更好地维护自己的利益。比如，目标公司可能会同意在董事会中增加一两个激进主义者提名人，作为交换，激进主义者要在一定时期放弃其代理战争，即签订中止性协议。激进主义者会将其视为确保董事代表权的机会，以免在股东投票上面临零票的风险。同时，目标公司可能更喜欢这样的处理方式，因为它会终结激进主义者的破坏计划，保持他们在董事会的影响最小化。辉盛数据显示，2010～2015年45.5%的激进战争在协商过程中终结了。

股东大会

但是如果双方未达成协议，其他股东就会开始在年度股东大会前期准备发言权。大多数票都是提前投好的，在大会上会进行最终记录和宣布结果。如果激进主义者成功获得董事会席位及代表权，他们便能够继续在董事会内部进行施压以寻求改变。然而，如果激进主义者感觉自己在董事会内部没有足够大的影响力，也不能进行足够大的改变，他们可能会决定——假设他们不受制于董事合约，发动之后的战争，以吸引其他有着相同观点的董事。接着，整个流程就会再次上演。或者激进主义者可能会认为自己所投资公司的股价在短期内增幅足够大，带着盈利撤出要比继续徒劳无功地在制度根深蒂固的公司试图进行改变简单很多。

| 第二部分 | 战 争
BARBARIANS IN THE BOARDROOM

| 第 3 章 |

达登餐饮公司的董事会政变

太多面包条

2014年9月12日早上,位于曼哈顿中心的Starboard Value陷入了轻微的恐慌。来自全美国的悲愤的陌生人将充满愤怒情绪的邮件洪水般推向该激进对冲基金的18名雇员。Starboard Value陷入了自己不经意间开启的国民辩论的中心。

就在前一天,对冲基金公开了一份长达294页的、证据确凿的白皮书,陈述了自己可以帮助美国最大的中等餐饮企业达登餐饮公司扭转败势的观点。这份演示文件分析得非常透彻,批评得也相当无情。其论点的中心在于达登因为管理不善导致失败,保全其财富的方法就是减少开销并出售几家特别的连锁饭店。Starboard Value表示,听从自己的计划达登将自己的营业额提高到每年3.26亿美元,不包括税息折旧及摊销前利润(EBITA,这是公司盈利的一个手段),同时还能将股价从大约每股48美元提高至86美元。

计划包括剥离公司1270家产业中的许多家。这样的行动可以让公司短期内通过投资组合赚钱，用来偿还债务或者重新分配给股东，但是长期看来这样的行为会让公司容易因为房租上涨受到影响。而目前这些计划还是很平凡的手段，并没有吸引媒体和更广泛公众的注意。

股东白皮书的内容通常非常详细，而 Starboard Value 在白皮书中对达登的批评却非常明显。其中包括对公司著名连锁餐厅橄榄园的尖锐批评，以及对其食物质量的指责。Starboard Value 批评橄榄园做比萨时只在表面放一点酱料，而不是将材料混合。Starboard Value 还批评餐厅出售"冒牌"的意大利餐，比如油炸面条和托斯卡纳白豆豆泥。餐厅给顾客提供的菜实际上并不会让人产生食欲，但是在菜单上它会使用看起来很美味的图片。此外，它还指责橄榄园为了延长锅的使用期限，煮意大利面时不用盐。最后，Starboard Value 称橄榄园就是一家"有着黏糊糊并不诱人的食物，其质量完全逊于竞争餐厅但价格一样"的餐厅。

> 股东白皮书的内容通常非常详细。

但是媒体最关注的是，Starboard Value 批评橄榄园所热衷的提供无限量面包条的政策是如何实现的。Starboard Value 认为不应该将面包条放到桌子上的篮子里，堆得都快溢出来了，而是应该给每个顾客提供一个面包条，然后额外再给一个。等顾客吃完之后，服务员再来添新的面包条。橄榄园每年给出7亿个面包条（平均每个顾客吃3个）。Starboard Value 认为用更规范的方式可以每年为公司省下500万美元，并通过为顾客提供更新鲜的面包条来提高他们的用餐体验，同时还能增加顾客与服务员之间的互动。

但是当该演示文稿公布于众时，许多新闻媒体报道的是 Starboard Value 想要全面终结橄榄园这一政策。9月11日，一档深夜谈话类节目也讽刺 Starboard Value 的演示文件太过琐碎，声称 Starboard Value 想要取消无限量面包条提供政策。

第二天早上，来自全国的橄榄园餐厅的忠实顾客"炮轰了"Starboard

Value 的邮箱，他们抱怨该对冲基金的计划，坚定不移地拥护无限量面包条提供政策。对冲基金首席执行官杰夫·史密斯回忆表示："最开始 Starboard Value 内部的反应是'我们应该怎么做，我们怎么修复这个误会？'我们担忧的并不是代理权战争。我们担忧的是'我们是这家公司最大的股东之一，我们不想让顾客失望。'"

快速服务

达登餐饮的故事起源于 1938 年，名为比尔·达登的 19 岁少年在佐治亚州韦克罗斯开办了第一家快餐店——绿色青蛙餐厅。这家快餐店很快适应了经济大萧条时期人们对便宜食物的需求，其广告标语为"快速服务"。

到了 1968 年，达登已经建立了大型连锁餐厅，并意识到海鲜是菜单上一种最受欢迎的菜品。他在佛罗里达州的莱克兰市开设了第一家红龙虾餐厅，最开始叫红龙虾旅馆。达登相信市场对提供全套服务的海鲜餐厅还有需求，这样的餐厅价格会比大城市的高级海鲜餐厅低廉，但是仍会提供便宜的快餐店所无法提供的性价比较高的体验。餐厅经理是乔·李，他是达登集团旗下来自佐治亚州的同事。

连锁餐厅深受佛罗里达人的喜爱，符合南方人口味。但是达登缺少在全国开设连锁餐厅的现金流，于是他接受了提议将餐厅卖给大型食品企业通用食品公司。整个 20 世纪 70 年代在通用食品公司的支持下，红龙虾连锁餐厅很快壮大起来，到了 1976 年美国 26 个州已经有 174 家分店了。

由于海鲜餐厅的市场接近饱和，于是通用食品公司在 1982 年开设了橄榄园餐厅。虽然这家意大利连锁餐厅并不被批评家所接受，但是在小餐馆中它确实惊人地成功了。它很快就成为美国最大的意大利餐桌服务连锁餐厅，到了 1989 年有 145 家分店，成为通用食品公司中增长速度最快的公司代表。到了 1992 年，橄榄园餐厅的数量已达 341 家，当年创造了 8.08 亿美元的销售额。

第二年橄榄园的销售额便达到了 10 亿美元。

1995 年，通用食品公司尝试开设首家中式连锁餐厅失败后，决定售卖部分餐厅转而专注于之前的消费者食品。李被任命为剥离公司的首席执行官和总裁，该公司被命名为达登餐饮，这是为了纪念前一年去世的李的导师以及公司的创始人。这家企业在 49 个州有 1250 家分店，在加拿大也有 73 家分店。

2004 年 11 月，李退休后，克拉伦斯·奥蒂斯接任成为达登首席执行官，他在达登从通用食品公司剥离出来之前担任财务主管一职。因为之前在投资银行工作，奥蒂斯带着达登的财政部门一路前进，于 1999 年成为达登首席财务官。

在奥蒂斯的领导下，达登采取了一种扩张和多样化的策略。2007 年，达登以 14 亿美元收购 The Capital House 和 Longhorn Steakhouse 连锁餐厅。2011 年，达登以 5900 万美元买下高档海鲜连锁餐厅 Eddie V's 和 Wild Seafood Grille，接下来的一年又在 Yard House 上花费 5.85 亿美元，这是一家专门提供手工啤酒的连锁酒吧，旗下有 39 家分店。该计划最初看起来是有回报的，营业额从 2004 年的 50 亿美元增长至 2011 年的 75 亿美元。但是达登在这新的 10 年里开始遭受挫折，它旗下两家主要品牌橄榄园和红龙虾表现不佳。

在此期间，达登董事会频繁地讨论出售红龙虾餐厅的可能性。迈克尔·罗斯是通用食品公司资深员工和经理，2004 年后来到达登，他表示："红龙虾是公司第二大产业，是我们的母舰。但是这 10 年来它未能增加分店数量，同一家店的顾客人数也在减少。我们确实有一个非常盈利的品牌，但是它并未壮大。作为上市公司，我们要关注的一件事就是增长扩大。红龙虾总是拖着公司其他产业不能前进。"

2013 年 3 月，达登宣称收益比上一年同比降低 18%，营业额也有所下降。唯一的亮点在于特色餐厅（包括 Yard House、The Capital Grille、

Eddie V's、Bahama Breeze 以及关注健康饮食的 Season 52），销售额同比增长 61.1%。但是它们的增长仍不敌主要品牌的不良表现。橄榄园、红龙虾和 LongHorn Steakhouse 的销售额分别同比降低 4.1%、6.6% 和 1.6%。

增加一些激进主义者

就在此时，达登吸引了激进对冲基金巴林顿（Barington）风险投资首席执行官詹姆斯·米塔罗德纳的注意。米塔罗德纳在餐饮行业有一定的经验，曾成功说服 Long Star Steakhouse 出售其房产组合。

巴林顿风险投资开始着重关注达登，几个月后拿出了一系列扭转计划。同时，该对冲基金开始在达登购买股票，最终累计持股 1.4%。巴林顿风险投资的计划主要分为三个部分。第一部分包括将达登连锁餐厅剥离成两家独立的公司：一个专注于成熟的品牌（红龙虾和橄榄园）；另一个专注于新的特殊品牌（LongHorn Steakhouse、The Capital Grille、Bahama Breeze、Season 52、Eddie V's 和 Yard House）。该计划的基本原理在于有成熟品牌的公司注重保留当地客源，找到有效率的方法并通过分红为股东提高收益。同时，特殊品牌饭店公司可以专注于通过菜单实验和扩张的方法扩大品牌效应以及提高市场占有率。短期内特殊品牌餐厅可能不会给股东带来分红。

巴林顿计划的第二个部分是剥离公司房产组合，价值约 42 亿美元。通过将房产组合放到不动产投资信托（REIT），达登可以减少销售产生的税款，还可以创造出股东可收益的资产。最后，巴林顿还相信可以通过减少达登运营费每年获得 1000 万～1500 万美元。

起草计划后，米塔罗德纳与达登首席执行官奥蒂斯进行通话，为他介绍了这些计划。接着，米塔罗德纳受邀前往达登在奥兰多的总部参加会议，分享自己的想法。

2013年6月，米塔罗德纳带着两个顾问出现在达登469 000平方英尺⊖的园区内。玻璃建筑下面有个湖，周围点缀着棕榈树。从门口进去就是中厅，办公室排在周围朝向中心。园区周围为员工提供了很多便利的措施，包括一家干洗店、一家银行、一个运动馆、一家18 000平方英尺的露天自助餐厅、一家星巴克和一家礼品店。这些是达登在4年前花费1.52亿美元建成的。米塔罗德纳在会议上说："当我走进去的时候，我说'天堂就是这样的吧！'外部区域非常完美，里面是全白的，就像是Calvin Klein的广告。它的内部完全体现了简约主义，楼梯非常好，真的非常漂亮，然后我就想'哇，真是浪费钱啊'！"

米塔罗德纳和顾问对面坐着奥蒂斯、首席财务官和董事布拉德·里士满、财务部长比尔·怀特和投资者关系部副部长马修·斯特劳德。巴林顿的代表团给出了自己的计划，表达了他们是怎样相信公司可以扭转态势的。然而达登的高管团队并不接受这些想法，他们说不相信房产组合像巴林顿分析得那么值钱，卖掉它们可能会限制股东价值。他们还说虽然餐厅运营不良，但是这并不是达登运营方式的问题，而是因为中产阶级家庭仍能感觉到大萧条的影响，不会在吃饭上花那么多钱。

会议后，达登董事会向其股东和顾问询问他们对巴林顿提供的方案的看法。董事会说巴林顿是个非常小的对冲基金，因此不会构成威胁。他们说巴林顿很少在大公司引导激进战争，但是经常参与有更大玩家领导的战争。董事会被建议让管理团队负责与米塔罗德纳进行讨论，让高管进行汇报。

6月初次会议之后，米塔罗德纳继续与达登管理团队进行讨论。巴林顿9月将演示文件呈献给达登董事会，10月9日《华尔街日报》上的文章报道巴林顿正在达登积累股份。市场对这一新闻表示欢迎，股价从46美元涨到了50多美元。

⊖ 1平方英尺=0.0929平方米。

更多的激进主义圈

但是巴林顿并不是唯一对达登有兴趣的激进主义者。另一个对冲基金贾纳合作伙伴在这家餐饮公司买了一小部分股票，并联系达登管理团队要求进行会面。2013年，贾纳的一位代表会见了首席执行官克拉伦斯·奥蒂斯，向他提出了几个该对冲基金用以改善达登当时境况的意见，包括减少开销，以及在高管薪酬和同店销售额增长上创造更好的平衡。然而，这些提议不包括任何剥离房产计划。奥蒂斯和他的团队对贾纳的分析印象很深。他们认为比起巴林顿与贾纳合作或许更有希望，因为贾纳可能会是更有价值的盟友。

同时，巴林顿争取到投资银行华利安诺基为其提供更深入的分析。结果，它在巴林顿进行初次提议就呈上了一份85页的文稿，并表示如果执行这些提议，股价将提高到80美元。就在此时，巴林顿决定改变它的方式。米塔罗德纳感觉达登管理团队对他的意见并不是那么感兴趣，谈判可能要无疾而终，于是他决定去吸引达登更广的投资者。2013年12月17日，巴林顿发布了一则新闻，其中包括华利安诺基准备的演示文件。

但是达登有其他的想法。在公司12月的股东会议上，达登主要讨论的话题是由其管理团队兼顾问的高盛集团提出的计划，售卖红龙虾连锁餐厅或者将其剥离成单独的公司。董事会更喜欢售卖的计划，但是也接受建议留下了剥离餐厅的可能，以增加潜在购买者的兴趣，让他们感觉到有一个相应的时间限制。

巴林顿发布新闻的两天后，达登公布了其季度业绩并附上了自己的扭转公司计划。结果再次令人失望。橄榄园和红龙虾的同店销售额与上年同期相比较低。公司预计其2014财年稀释后每股净赚收益将比前一年少15%～20%。

但是重要的启示在于公司的扭转计划。达登表示将会减缓上升品牌的扩张速度并且减少开销。这样，每年将会省下6000万美元，并且会重新评估高管薪酬，通过分红和股票回购将更多的钱还给股东。所有这些提议看起来都是为了安抚股东接受达登主要的通告：公司计划出售其最知名的品牌红龙虾。达登称这次决定并不会让股东进行投票。因为这些令人失望的结果，达登的股价跌了将近5%。

在此次通告之后，奥蒂斯与贾纳代表进行了对话，他们表示自己并不关心出售红龙虾的决定。他们认为股价下跌并不只是出售提议的结果。但是对冲基金很快卖掉了达登的股票，奥蒂斯失去了曾经看起来很靠谱的伙伴。与此同时，第三个激进主义者准备开始行动了。

2013年整个下半年，达登内部对其表现失望的分析家和投资者联系Starboard Value，劝说该对冲基金将目标放在达登上。Starboard Value分析了达登后开始购入其股票。这家对冲基金得出的结论和巴林顿差不多，都是剥离达登房产组合，向股东重新分配所得。Starboard Value还希望达登增加其经营利润。

Starboard Value开始与餐饮行业的专家进行交流，希望能更好地了解达登以及该公司和同行相比怎么样。这家对冲基金还与达登其他股东进行了对话，并被告知达登的管理团队并不想和他们合作，所以很有可能会出现冲突。然而，得知了这些建议后，Starboard Value很自信不管发动怎样的代理权战争都能得到几个最大投资者的支持。

Starboard Value继续购入股票并增加其在公司的控股。但是因为2013年10月巴林顿身份公开，股价上涨，Starboard Value在其高股价时期停止了大量购入股票的行为。达登宣布剥离红龙虾餐厅计划之后，其股价下跌，Starboard Value抓住机会购入了更多的股票。到了12月20日，Starboard Value已经累计持有5.6%的股票。为了遵守5%股票原则，Starboard Value向纽约的美国证券交易委员会提供了13D文件公开了其立场。此次宣告后，股价上涨了6.4%。

2013年年底,达登周围有两个激进主义者——加在一起共持股超过7%,并面对更广泛的股东基础,持股速度增长很快且对公司的运营状况表示不满。达登还准备出售其标志性品牌红龙虾餐厅。这一阶段为达登历史上最戏剧性的一年做了铺垫。

武装准备

比起巴林顿,Starboard Value对达登董事会更感兴趣。Starboard Value买了更多的股票,以挑战其管理团队而知名,并在像美国在线和欧迪办公用品这样的大公司中争取董事会席位。达登董事会和管理团队进行会谈以更好地理解Starboard Value的意图,以及商定达登应该怎样回应。

2014年1月8日,Starboard Value首席执行官杰夫·史密斯与达登高管团队会面听他们解释自己出售红龙虾的原因。团队成员包括首席执行官克拉伦斯·奥蒂斯、首席财务官布拉德·里士满、财务部长比尔·怀特以及投资者关系部副部长马修·斯特劳德,但是史密斯并没有被说服。他认为这次行动将会削弱自己剥离房产组合的计划,因为红龙虾房产将成为剥离公司的一部分。他还相信红龙虾的销售计划不能够解决达登运营不良的根本问题:管理不善和庞大的成本结构。两周后,他在给奥蒂斯的信中表达了他的想法,他还将这封信寄给了董事会并公之于众。达登立即回复,并再次确认其剥离红龙虾的意图。

达登董事会已经要求顾问开展对其房产组合的分析,评估将其剥离给房地产投资信托是否可行。Starboard Value推进剥离行动并认为这会为使股价提高10美元,达登顾问则并不是那么乐观,认为这次行动只会让股价提高2～4美元。他们还说剥离只会在短期内对公司有利。达登董事会还反对房地产投资信托的计划,因为它认为这样做使投资组合带来的灵活性会消失。拥有这些房产,达登可以完全控制什么时候增加或者减少运营饭店的数量。通过剥离这些房产，达登会失去部分灵活性。

到目前为止，Starboard Value 仍和达登股东进行定期讨论。像 Capital Research Group 这样的大型投资商——达登最大的控股人，告诉 Starboard Value 它们对出售红龙虾计划表示质疑，并鼓励 Starboard Value 强迫达登重新考虑该计划。它们还对 Starboard Value 表示，如果代理权战争开始，他们可能会支持 Starboard Value 与达登董事会对抗。Starboard Value 的杰夫·史密斯于 2014 年 1 月 29 日再次与奥蒂斯和他的团队会面，并发送给他们一份后续信函，还将复制版本发给了董事会和公众。此时信函的语气开始发生转变。史密斯敦促达登减缓红龙虾剥离计划。达登最初表示会在 2014 年 5 月前完成交易。最重要的是，正如史密斯所指出的那样，这个时间要早于计划在 9 月召开的年度股东大会，而会议上董事会将会进行重新大选。Starboard Value 相信这个期限是他们提议安排的，这样股东对这一有争议的行为就没有发言权了。

就在此时，史密斯第一次提到自己对其董事会非常不满意，并愿意为当年的股东大会提供大多数董事候选名单。史密斯写道："我们相信，达登现有的董事会造成了其历史性的运营不良，我们需要能够让公司重新增加盈利的行动，那么马上改变董事会组成就是绝对要做的事。"其暗含的意思非常明显：如果达登坚持在没有股东支持的情况下出售红龙虾，那么它将会面临代理权战争，其董事可能会失去自己的席位。

双方都开始为潜在的斗争做准备。达登已经有高盛和瑞生国际律师事务所作为其出售红龙虾的财务顾问和法律顾问，还雇用了利普顿律师事务所（一家对保护公司以抵御持不同意见股东的攻击有多年经验的律师事务所，作为其法律顾问），以及摩根士丹利（在房产转移交易上很有经验）。达登还雇用公关公司 Joele Frank 帮助准备应对可能会在媒体方面打响的战争。

达登还专门成立了一个特别业务委员会（由董事迈克尔·罗斯、首席董事查尔斯·莱德辛格以及其他两个有很深厚金融背景的董事威廉·刘易斯和维多利亚·甘尼特组成），专注于红龙虾出售案和与Starboard Value潜在的代理权战争。达登还要求摩根士丹利对Starboard Value在此次剥离提议中的资产进行细致的分析。这些银行家总结称，虽然短期内可能存在潜在收益，但是可能会有一系列税务和债务风险导致的复杂交易。

与此同时，Starboard Value雇用了Okapi合伙公司作为其代理律师，帮助劝服其他股东和代理顾问相信自己为达登准备的计划是最符合其利益的。Okapi与Starboard Value有很长时间的合作经历，帮助其进行与美国在线和欧迪办公以及其他公司的几场争夺战。Okapi首席执行官布鲁斯·戈德法布在去年秋天听说巴林顿将目标放在达登上后，第一次对该公司感兴趣。最开始他想要受达登雇用对抗巴林顿，但是被其董事会告知不相信有代理权战争的危险。6个月后，Okapi整装待发准备与达登进行一场看似激烈的冲突。

特殊的会议

Starboard Value的下一个动作非常大胆。2014年2月24日，它发起了一场所谓的同意征求运动。Starboard Value向达登股东写信以寻求他们的支持，要求召开特殊会议讨论公司出售红龙虾的计划，并针对此事进行无约束投票。在达登公司章程和佛罗里达州法律的约束下，如果共持有超过50%股票的股东支持Starboard Value，那么将会召开特殊会议。即便达登不会受惠于投票结果，Starboard Value认为这会让股东得以清楚地阐释自己对剥离红龙虾提议的想法。对冲基金相信达登很多股东因为没有参与出售计划有充分的不满，因此他们会支持Starboard Value。

如果杰夫·史密斯觉得这次行动会让达登重做考虑的话，他就错了。3月3日，达登召开了一次投资者电话会议，表示红龙虾出售计划依旧在正轨上。一周后，达登通过告知美国证券交易委员会其计划正式开始了出售进程。

Starboard Value 再一次与达登管理层会面，但是很明显双方都不准备让步。3 月 31 日，Starboard Value 发布了一份长达 108 页的演示文稿，催促其他股东支持其召开特殊会议的决定。与此同时，Starboard Value 发布了另一个股东白皮书，详细阐述了剥离达登房产组合的计划。此时，Starboard Value 已经雇用一些餐饮业高管作为顾问，其中包括两个前任达登高管——橄榄园前执行副总经理鲍勃·莫克和达登前副总裁布拉德·布卢姆。

　　布卢姆最开始是通用食品公司的销售主管。他在 20 世纪 90 年代中期成为橄榄园的总经理，带着连锁餐厅经历了历史上最成功的时期。因此，他晋升成为达登的副总裁，被看成未来的首席执行官。但是他因为不能很快晋升为最高管理人而感到失望，于是在 2002 年离开达登，成为汉堡王的首席执行官。分析师推测，如果布卢姆是达登潜在的董事会候选人和高管，Starboard Value 就不能获得这么多支持了。在达登内部，许多人都猜测若是 Starboard Value 胜利，布卢姆将会作为首席执行官重回达登。

　　4 月 1 日，达登针对 Starboard Value 的文稿做出声明。在声明中公司表示，已经与高盛、摩根士丹利和利普顿律师事务所对其房产组合的相关选择进行了仔细的分析，结论是剥离房产并不会为股东提供足够的长期效益。

　　在此期间，达登收到了针对红龙虾的报价，并告知董事会如果接受 Starboard Value 的要求在出售计划上进行股东投票，那么交易日将被推迟 4～6 周，这可能会吓跑收购者。达登董事会与其最大的股东进行对话，并被投资组合经理告知他们不担心红龙虾的交易，但是他们在公司治理团队的同事相信会议还是要召开的。

　　达登董事认为他们现在面临着两个都不怎么样的选择：一是推动红龙虾交易，这是他们花了很多时间相信对公司的长期利益来说最好的计划，但是这又会让支持召开特殊会议的股东非常生气；二是他们勉强接受 Starboard Value 的要求，将交易推迟到会议之后，但这又会让自己看起来很弱。他们知道不管采取哪种办法都会让自己在秋季年度会议上丢掉董事会席位。现在的问题看起来只是会丢掉多少席位的问题。

在接下来的几周中，三个主要代理顾问宣布了其是否支持特殊会议。ISS和格拉斯·刘易斯都支持Starboard Value，而伊根－琼斯则站在达登一边，表示会议无须召开。两个最有影响力的代理顾问ISS和格拉斯·刘易斯的支持，对于Starboard Value的同意征求运动是一种巨大的推进。5月初，Starboard Value表示达登有57%的持股股东都支持这一激进提议，要求召开特殊会议。

Starboard Value的杰夫·史密斯表示："57%的股份可以说是巨大的，因为有20%的股份是上市零售的，5%是内部股份。所以，可能这57%来自剩余75%，也就是说每一个机构股东都有非常大的权利。在获得如此明确的支持后，我认为管理团队和董事会要听取股东的意见。我以为一旦我们得到多数股东的支持，董事会就不会进行自己的计划了，但是我错了。"

愤怒的龙虾

2014年5月16日，达登宣布同意以21亿美元现金的价格将红龙虾卖给旧金山一家私募股权公司金门资本（Golden Gate Capital）。此次交易获得了董事会的一致同意。达登表示在扣除税费和交易费后可以收到16亿美元。它宣称将会用10亿美元偿还债务，将剩下的6亿美元交给股东作为股票回购计划的一部分。达登鼓吹此次交易，称这个价格对税息折旧及摊销前利润只有9倍的困难企业来说是非常有吸引力的。然而，股东非常生气。巴林顿的詹姆斯·米塔罗德纳此时发表声明称达登以"跳楼价"出售红龙虾是"违背良心的"。Starboard Value的杰夫·史密斯也发布声明表示"难以置信"达登董事竟如此"鲁莽地"不顾愤怒股东的反对，出售餐厅。与此同时，詹尼资本市场公司（Janney Capital Markets）的分析师马克·卡里诺夫斯基在销售公开后写了一份研究报告，名为"谁知道龙虾也会生气？"

Starboard Value 代理律师事务所 Okapi 首席执行官布鲁斯·戈德法布表示这一决定最终会摧毁达登董事会。他说："它点燃了代理战争之火，现在那些还未加入这一过程的股东，可能对董事会还抱有善意的推断，而董事会向他们传达的信息却是他们并没有考虑股东的利益。这让代理权战争变得更简单了。"

当那年夏天稍晚些时候金门资本完成了这场交易时，这家私募股份公司立即将红龙虾的房产组合以 15 亿美元的价格卖给了名为美国房产资本伙伴的房地产投资商，接着对房产进行了回租。在整个出售过程初期，达登和几家潜在购买者都进行了对话。有的人对拿下整个红龙虾产业感兴趣，有的人只是对做生意感兴趣，还有的人只是对房产组合感兴趣。达登董事迈克尔·罗斯表示董事会对此次销售是如何安排的一无所知。达登收到了来自金门资本 6 亿美元的报价用于运营，以及 15 亿美元的报价用于房产组合。罗斯表示："我们想要进行完整的交易，所以必须避免要冒着完成一项交易而不做另一项交易的风险，我们很清楚我们想要完整地出售红龙虾，而这之后他们如何处理这些产业就是他们自己的问题了。这在交易进程中是经过讨论，并为所有顾问强烈建议的。"

但是 Starboard Value 的杰夫·史密斯表示达登高管团队并没有觉得可以单独进行这两次交易，这样会使运营生意的费用看起来更少。史密斯还批评这次交易让达登承担了 5 亿美元税款，如果保留红龙虾房产组合并向房地产投资信托那样进行剥离——Starboard Value 和巴林顿都是如此建议的，税款将会是有限的。"所以，在还未扣除费用和开销的税后净值中，他们只拿到了 16 亿美元，这和这场交易中红龙虾的房产组合价值差不多，他们在房产部分缴税之后就收到了 15 亿美元。"史密斯还补充说，"也就是说按照净额基准来看，他们实际上几乎就是将红龙虾的经营业务免费送出去了——一个税息折旧及摊销前利润超过 2 亿美元的标志性品牌。"

损害限制

卖掉红龙虾是史密斯的最后一根稻草，他决定改变自己的策略：从替换大多数董事到争取每一个董事。他回忆说："我们坐回到椅子上，然后说'你一定是在开玩笑，你忽略了股东利益，白白放弃了红龙虾，难道董事会一个反对这件事的人都没有吗？不止一个人站出来说，这样做不是正确的。'这时我们说'我们不确定接下来董事会会发生什么，但是这不是其应该有的样子。'董事会成员应该代表股东的利益，这是他们的工作。股东基数就能清楚地说明这个问题，100%的董事会成员都忽略了他们的利益。"

> 董事会成员应该代表股东的利益，这是他们的工作。

达登董事会对当下会有一场代理权战争毫无疑问，而且这场战争将极具破坏性。迈克尔·罗斯称："我们知道我们将会失去董事会席位，但是董事会称'这不是正确的决定，我们知道一些人将会因此丢掉工作，但是我们相信这是符合股东长期利益的最佳方法。'"

史密斯只有一周多的时间，在提名截止日期之前列出清单，将有经验和专业知识的潜在董事列出来——他们也是愿意加入高调的代理权战争的人。2014年5月22日，Starboard Value公开打响了代理权战争的第一枪，向达登董事发布了公开信。该对冲基金再次表达了自己对现任董事的抱怨，揭露其抬高6.2%的公司股价，并透露了自己的12名候选人。这张清单中包括餐饮行业很有经验的高管（如达登前高管布拉德·布卢姆，以及在不同行业中几家公司的董事）。史密斯将自己以及研究部主管彼得·费尔德也放到了列表上。

整个夏天，达登一直和其最大的股东联络，以算出他们中有多少人愿意给Starboard Value投票，但是得到的反馈并不令人舒服。虽然出售红龙虾的计划并不受欢迎，董事会面临多方人士对特殊会议的广泛支持，但是仍旧要继续该决定，这对许多投资者来说有点过分了。达登董事会决定如果可以平息投资者的愤怒，愿意做出一点妥协。

7月28日，达登宣布完成红龙虾出售，首席执行官克拉伦斯·奥蒂斯辞职，并表示不会参加再选。罗斯称："奥蒂斯认为出售红龙虾后，他已经采取了为寻求增长能够采取的措施，但是他被激进主义者和一些股东说成是部分问题所在，所以他感觉辞职的时候到了。"首席董事查尔斯·莱德辛格成为独立非执行董事长。达登表示奥蒂斯会一直作为首席执行官，直到他的继任者到位。董事会将总经理和营运总裁吉恩·李视为准继承人，但是因为他在任时间还不长，董事会认为延迟接手可能更有帮助。达登还宣布在接下来的代理权战争中只会在获选人名单中放上9个独立董事的名字，确保至少Starboard Value有三个人能被选中。

在接下来的一个月中，莱德辛格与杰夫·史密斯和格雷格·文特进行了大量的电话会议和面谈，文特是达登最大的投资者Capital Research Group的投资组合经理。他们三人试图制订出解决方案，让Starboard Value可以结束战争，而作为回报他们将得到董事会代表权。虽然文特支持对现任董事会进行大改，他也是Starboard Value的关键盟友，但是他也想要确保至少有几个达登董事留下以维持连续性。到这时，Starboard Value已经将其在达登的股价提高至将近9%。最初，达登提议推荐7个候选者，让Starboard Value推荐另外5个，而史密斯想要更多名额。下一个提议是双方各6个，但是在提议被驳回后，达登表示只会推荐4个董事，给Starboard Value大多数名额——8个。但是这些恳求都遭到了拒绝，史密斯决定想要整个董事会。

Okapi的布鲁斯·戈德法布相信达登的和谈策略对其战争和其怎么被股东看待有很大影响。他说："这会伤害公司名誉。投资者都在问：'他们为什么这么做？他们想要保住谁？他们为什么要试图保住他们？'"

罗斯称董事会意识到可能会丢掉绝大多数席位，但是仍试图在投票后得到一些董事会代表权，这是因为管理团队和其他股东都想要保持持续性。

在Starboard Value召开特殊会议的运动中，该对冲基金和其代理律师所Okapi，都专注于与其他股东谈话，他们不只讨论了出售红龙虾的决定，还讲述了Starboard Value的计划和重振达登财富的策略。这意味着在代理权战争达到高潮时，Starboard Value已经做好了解释其有关达登的计划的准备工作。现在，Starboard Value可以宣扬自己候选人的能力，以及它相信橄榄园可以得到改善。

2014年9月2日，达登发布了初步代理权声明，表示将会推荐8个候选人：4个是包括罗斯在内的现任董事，另外4个是新的独立候选人——两个长期是餐饮业高管，另外两个因为自己的公司治理经验而进入候选。这4个新增加的人选被开玩笑地称为Starboard Value阵营内部的"替死鬼"。包括新董事长查尔斯·莱德辛格在内的8个原始董事将不会参加再选。Starboard Value以一份声明对该消息做出了回应，称它是"反动的、紧急关头令人迷惑的决定"。Starboard Value还着重表示董事会"缺少领导，没有方向地乱打"。

董事会政变

年度大会定在10月10日，在会议上投资者将会为喜欢的董事候选人投票。双方都想在最后几周背水一战，抛出手里的所有东西。

达登发布了一份长达52页的投资者演示文稿，表示支持现任董事会，为红龙虾出售辩护，并对Starboard Value在其他公司的成功率提出质疑。达登还批评Starboard Value的候选人缺少餐饮经验，与Starboard Value的关系也太过亲密。

两天后，Starboard Value以一份长达294页的投资报告作为回应，表示将会向全世界通告煮意大利面用盐和无限面包条事件。杰夫·史密斯不顾文稿引发的公众不满，为其产生的影响做好了准备。他说："我们认为我们需要阐释所有的细节，因为演示文稿要面向股东和为股东提供建议的代理顾问公司。我们请求这些代理顾问公司和股东相信我们以做一些不同寻常的改变，那就是替换掉整个董事会。"

达登办公室最初的担忧随着滚滚而来的邮件逐渐平息了。史密斯称:"几个小时后,我们恢复了理智。我们能够笑看此事,并意识到一个事实,即媒体和顾客是很坦率的,这种激情是一种惊人的力量,意味着橄榄园的品牌就是一种力量。"

Starboard Value 文稿的主要目标之一是很有影响力的代理顾问 ISS。如果 Starboard Value 想要所有候选人都能竞选成功,得到 ISS 和其代理顾问伙伴格拉斯·刘易斯的支持就至关重要——其客户共掌握达登 17% 的股份。

10 月的第一个周,Starboard Value 带着其董事候选人从华盛顿特区北部出发,行车半小时到达马里兰州罗克维尔市,亲自去拜访 ISS。离 ISS 总部两个街区远的地方是其最近的餐厅——红龙虾餐厅。这些年来,来自很多公司的激进投资者、候选董事和现任董事在去拜访 ISS 的前晚都会去这家餐厅赴宴。但是此时,Starboard Value 团队选择不去红龙虾或者附近的橄榄园吃饭,而是去特区郊外的 Capital Grille 用餐。不用处理过度供应的面包条和用盐煮的意大利面,候选人想要看看成功的达登餐厅是什么样的,此次他们感受很深。吃完牛排后,他们在同 ISS 的人员会面时提出了最终的演示文稿。

> 候选人想要看看成功的达登餐厅是什么样的。

第二天,Starboard Value 的候选人和 Okapi 团队坐在 ISS 办公室的大桌子前,接受 ISS 公司治理专家的询问。ISS 的代表已经在很多场合下见过 Starboard Value 了,他们十分通晓 Starboard Value 对达登的计划。但是他们想要对候选董事了解更多,想要得知他们是否有相应的专业知识,以及他们加入董事会的动机是什么。他们还想要确定这些候选人可以独立于 Starboard Value 思考和行动。

ISS 还要被说服同意替换掉整个董事会。在其指导下,代理顾问表示当持异见者推荐少数董事时,投资者需要证明董事会有更多的股东代表才可以,即便他们并没有足够的力量兴风作浪。但是,当激进主义者试图抢占大部分董事会席位时，就更加难以证明了。持有异见的投资者展现出大的整改是有必要的，其建议的经营计划要比公司现有的更好。因为 Starboard Value 正在争取完整的大改计划，所以认为必须用极其详细的计划制服 ISS，因此长达 294 页的演示文稿就出现了。

但是文稿在深度方面具有欺骗性。在接下来的几天里，ISS 和格拉斯·刘易斯都宣布在代理权战争中支持 Starboard Value 全部的候选人，并推荐其客户也这样做。然而第三大代理顾问伊根-琼斯依然站在达登一边。

虽然在 Starboard Value 的战争中得到 ISS 和格拉斯·刘易斯的支持很重要，但是双方参与战争的人都感觉许多投资者已经下定决心了。达登未等股东在特殊会议上使用自己的发言权就出售了红龙虾，这成功地终结了董事会的命运。ISS 并购和代理权战争研究主管克里斯·瑟内奇表示："股东明显想要在红龙虾出售上进行投票，达登这样的举动分明是公然无视股东。此时我们都是不相关的人了，就在此时我们才看清真相。"

在马上要召开的年度大会的前几天，达登最后一次试图用新的努力扭转橄榄园的疲态，并对 Starboard Value 候选人的独立性表示怀疑。但是一切都是徒劳。在 2014 年 10 月 10 日的年度大会上，Starboard Value 的所有 12 名候选人都成功地获得投票进入董事会。这是第一次激进投资者完全掌控了标准普尔 500 指数公司的董事会。这场政变到此结束。

Starboard Value 横扫整个达登董事会

斯蒂芬·福利

在另一个机构投资者愿意支持激进投资者整改运营不良企业的案例中，对冲基金 Starboard Value 历经 10 月抗争成功取得最后的胜利，重组橄榄园主人达登餐饮。

Starboard Value 的候选人，包括该对冲基金的创始人杰夫·史密斯，在本周五的公司年度大会上赢得了全部 12 个董事会席位。

虽然激进主义者通常会通过寻求董事会席位推动自己的计划，但是很少有激进主义者能用所有的候选人替代原有董事的，更罕见的是他们仍旧在寻求其他股东的支持。

Starboard Value认为达登对橄榄园管理不善，而且没能采取股东友好型计划，比如剥离产业或者重整其房产组合。

达登今年初出售红龙虾连锁餐厅，此次出售就在可能会阻止该行动的股东投票前完成，因此令一些股东非常生气。公司还表示，长期主管克拉伦斯·奥蒂斯将会辞职，但是Starboard Value会持续推进其战争以在董事会进行更多改变。

史密斯在和公司联合发表的声明中表示："达登有所有正确的元素助其重获过去的力量和名声。"他还补充说新的董事会会加快步伐找到"变革型领导人，使其成为达登的首席执行官"。

Starboard Value是第二个盯上达登的激进投资者，达登因为橄榄园和红龙虾不敌如墨西哥风味这样的连锁快餐店，所以股价滞后于市场。去年早些时候，巴林顿资本要求公司内部解散。

这两家激进主义公司用信函轰炸达登股东，在信函里攻击现有的管理团队，并列出能够改进其产业的提议，这些提议包括修改餐厅管理者红利、改变橄榄园提供面包条的方式。

达登在最后一次阻止Starboard Value取得胜利的尝试中，让步给其候选人少数董事会座席，他表示让对冲基金完全掌控董事会会伤害股东利益。

达登股价轻微上升至49.93美元。两年前，其股价峰值为57.20美元。Starboard Value候选人的险胜并没有立刻收到成效。

资料来源：Foley, S., Starboard sweeps away entire Darden board, *Financial Times*, 10 October 2014.
© The Financial Times Limited 2014. All Rights Reserved.

余波

新的董事会很快开始运作。旧的董事会感觉到投票走向，在投票之前的下午允许Starboard Value候选人在奥兰多的万豪酒店会见特定的达登管理团队成员。一位新的董事辛迪·贾米森回忆时说："首席财政官和我们谈话，人力资源主管和我们谈话，这更像是股东入职指引会，因为他们与我们说的是他们的部门如何运作以及他们的组织结构。这非常有教育意义。"

投票后，新的董事立即前往达登总部召开了他们的第一次官方董事会议。虽然在弥漫整个夏天的代理权战争中他们已经多次会面，但是这是他们第一次作为达登董事会面，能够获取非公开的公司信息。不管股东投票多么重要，第一次会面更具商业化而不是庆典化。

杰夫·史密斯作为董事长，采取的第一个董事会行动就是解除克拉伦斯·奥蒂斯的职位，用吉恩·李替代其成为临时首席执行官，指导董事会确定固定的人选。董事会也选择了很多委员会主席，史密斯负责首席执行官遴选委员会。新的董事会在接下来的几天继续在奥兰多进行会见。

然而在第一周，新的董事会就遭到了挫折。信用评级机构穆迪下调达登信用评级，因为其13亿美元债务的不确定因素，即"领导团队的整体变革"以及橄榄园面临的困境。

Starboard Value听取了如Capital Research的格雷格·文特这样的投资者的担忧，在代理权战争中宣布如果赢的话会考虑从之前的董事会中带来一位董事，以保证持续性和稳定性。在投票后的几天，史密斯和候选人以及治理委员会会见了对加入新的董事会感兴趣的几个前任董事。他们决定为比尔·西蒙新添一个席位。比尔·西蒙曾任美国沃尔玛的首席执行官，代表旧董事会参加了与Starboard Value的整个代理权战争，但是他决定不参加再选。西蒙之前是达登竞争对手布林克尔国际公司的一位高管，这家公司经常出现在Starboard Value的投资文稿中，作为如何运营多家连锁餐饮公司的例子。

Starboard Value面临的一个主要批评在于达登在代理权战争中控诉其董事候选人缺少独立性。董事通常由董事候选和治理委员会选拔，偶尔会由股东推荐。但是在这个案例中，所有的董事都由一个投资者——Starboard Value挑选。前届董事会称这会造成一种状况，所有的新董事都会欠Starboard Value人情，这样新董事长史密斯将会在董事会内部有太大的影响力。

即将卸任的股东迈克尔·罗斯称，虽然许多投资者在红龙虾被出售后因为公司治理原因投票反对旧董事会，但是他认为新的董事会在管理问题方面出现的危险信号被忽略了。他说："他们都是由一个股东招聘的，都效忠于同一个股东，也都致力于由一个股东提出的计划。但是在此过程中，他们缺少独立性，因此会迷失。这是大家不敢面对的真相。"

然而，新股东否认了这样的控诉。西蒙表示："我从未感觉到任何来自Starboard Value的影响，事实上所有由Starboard Value挑选的董事似乎也没有对此争论有任何影响——他们是充满活力的。所有董事会成员都是自己领域里独立的专家。他们怎么来的并不是重要所在。"

因为代理权战争和Starboard Value开展的运动在本质上有所分歧，这也是橄榄园运营方式被严厉批判的原因所在，史密斯十分谨慎地排斥公司其他员工。因此，新的董事开始着手搭建桥梁。在最开始的几周中，每个董事会成员都花时间在达登的餐厅轮班。史密斯自己在位于纽约市外长岛韦斯特伯里的橄榄园，伺候顾客用餐，迎接客人，还在厨房工作。

2015年2月，达登宣布李将会成为永久首席执行官，一个月后公司在奥兰多的总部上市，就在18个月之前巴林顿的詹姆斯·米塔罗德纳拜访该总部，愤愤而归。达登计划在回租交易的情况下出售房产，这样达登就能依然作为长期承租人。园区价值只有不到8000万美元，是4年前达登购买时支付的价钱的一半。李早前宣布将会减少2000万美元的管理开销，这使得60个支持他的员工离开了。公司关闭了航空部门，并表示计划出售其企业飞机。

公司在3月的季度业绩说明增加营业额的努力有了成效。所有连锁饭店的同店销售额在这一季度都上涨了3.6%，而之前运营不佳的最大品牌橄榄园则上涨了2.2%。本季度总销售额同比上涨6.9%。

6月，橄榄园发布了一款面包条三明治，增加了一道备受喜爱的开胃菜，这令其忠实顾客备感愉快。这个主意来自餐厅内部，厨房员工通常会切开面包条，将肉丸和帕尔玛干酪鸡肉填充进去。公司还表示将会坚持进行 Starboard Value 的计划，剥离部分房产给房地产投资信托。在达登拥有的 1270 处房产中，公司计划将 430 处转交给房地产投资信托，并在回租合约下出售 75 处房产。该销售提议是在巴林顿第一次联系达登，建议将公司剥离成三份（其中包括一个房地产实体）之后差一周两年的时候宣布的。

巴林顿的詹姆斯·米塔罗德纳说："如果克拉伦斯·奥蒂斯实施了我们的计划，我想他一定会备受尊重。他本可以为股东创造很多价值。但是发生什么了？第二年，他走了。"

但是像摩根士丹利在对前任达登董事的建议中预测的那样，房地产投资信托的剥离计划将不会那么直接。在剥离计划宣布后不久，几个达登债券持有者（包括 Voya 金融、美国国际集团和 Reef Road Capital）拒绝许可这次转交，除非达登表示将会对它们有所回报。不久后，美国财政部和国税局宣布它们将会再次核查特定房地产投资信托剥离行为的有利税率。

前任董事迈克尔·罗斯回顾自己失败的激进主义运动经验时表示，这是一次"完美的风暴"，让 Starboard Value 得以完全掌控董事会。他认为达登没有等待股东做评论便出售红龙虾的决定，让此次战争与其他战争大不相同。他说："当人们说激进主义者能够替代整个董事会时，我仍旧认为这是事实，但是必须在非常不可思议的情况下才能成功。"另一个让 Starboard Value 得以取得所有董事会座席的重要因素在于，它得到了多少达登最大的互惠基金投资者的支持。代理权战争中失败的一方还认为达登的特定投资者拥有大量头仓，并想要在价格达到最高点时卖掉它们。在年度股东大会几天后，股价飙升，这给了他们这样做的机会。

但是罗斯相信让此次战争如此成功的原因在于它改变了激进主义防御策略的方式。达登董事会一贯被要求直到投票前几天才能与股东对话，但那个时候就太晚了。

| 第 4 章 |

雅虎包围战

从航线到在线

　　加里·威尔逊和卡尔·伊坎很久之前就认识了。20 世纪 80 年代后期,当伊坎着手进行臭名昭著的对抗环球航空公司企业的狙击案时,威尔逊正在对其竞争对手美国西北航空公司进行融资并购。这两个人关系很好,多年来做了很多生意。但是到了 2008 年,他们所处的情况就大不相同了。

　　这时伊坎已经重塑自己的形象,成为世界上最可怕的激进对冲基金经理。他将作为企业狙击手时的残酷与劝服大型机构投资者支持他对抗有破绽的公司的能力结合在一起,并因此而闻名。威尔逊最近辞掉了西北航空的董事长职位,现在是雅虎的董事。而恰好,雅虎最近成了伊坎眼中有破绽的公司。

　　伊坎用他的经济实力在该公司积累了大量股票。他还准备了一份完整的董事名单,旨在替换掉其董事会,除非雅虎能够满足他唯一的要求:将雅虎卖给微软。他已经注意到在前一年股东大会上,一个股东对公司死气沉沉的表现以及当时的首席执行官特里·塞梅尔所得的薪酬表示不满,这使得董事会只得到了低至66%的支持。前一年它还得到了97%的支持。

到此时，雅虎已经走过13个年头，经历过互联网繁荣时期的鼎盛，也经历过繁荣的泡沫破碎后不光彩的低潮。2000年1月～2001年3月，雅虎的股价从鼎盛时期的118.75美元到只有6.78美元。在新世纪的前几年里，在塞梅尔的领导下公司慢慢恢复。但是到了2008年，雅虎的统治地位受到了网络新贵谷歌和Facebook的威胁。塞梅尔试图在其壮大之前收购这两个新兴的对手，但是收购失败以及雅虎看起来失去方向让其在雅虎董事会变得不受欢迎，一周后塞梅尔辞职。

2007年，其他雅虎投资者催促伊坎发动战争，但是他决定先进行观察。一年后，他觉得是时候开始进攻了。根据威尔逊和伊坎在一起的工作经验以及其个人私交，雅虎董事会决定他应该带领协商团队，看看他们是否能够和这位令人敬畏的激进主义者达成交易，而不用进行摧毁性的代理权战争。这是雅虎与激进投资者产生的第一次重要摩擦，但是肯定不是最后一次。

> 这是雅虎与激进投资者产生的第一次重要摩擦，但是肯定不是最后一次。

进行交易

卡尔·伊坎最初对发动战争对抗雅虎忧心忡忡。但是当2008年年初微软首席执行官史蒂夫·鲍尔默开始恶意收购雅虎时，伊坎下定了决心。多年来，微软一直寻求与雅虎进行交易却收获寥寥，但是现在它兴趣更大了。鲍尔默提供的雅虎股票报价是每股31美元，公司价值不到450亿美元。这要比2008年1月31日雅虎19.18美元股价的报价溢价62%。

鲍尔默如此热衷于建立与微软的联系，原因在于要应对谷歌这颗巨星的崛起。他认为两家公司联合可以平衡谷歌在网上搜索和广告方面的统治势力。他相信微软和雅虎的产业联合将可以使其从经济规模中受益，增加研发资源，提高运营效率，让公司得以提高在视频、手机、社交媒体和商务产品方面的收入。

第二天，微软公布了报价。到市场关闭时，雅虎股票交易价为28.38美元。事实上，股价未增长到微软报价，这说明投资者对雅虎董事会是否能接受鲍尔默的提议表示怀疑。

投资者有权利这样做。2月11日，雅虎宣布拒绝接受微软的最初报价。公司董事会、管理团队和顾问经过对其报价的详细讨论，得出结论认为该报价低估了雅虎的价值，此次交易并不会给股东最好的利益。鲍尔默十分平静，依旧推进此次交易，他给股东写信，试图劝服他们该交易能给他们带来最好的利益。

2008年整个春天，微软持续对雅虎董事会施压。与此同时，雅虎联合创始人、塞梅尔之后的首席执行官继任者杨致远以及其他的雅虎高管开始研究雅虎的其他选择，看与其他的竞争对手——如谷歌、美国在线和聚友网（MySpace），联合是否更合理。

最终，鲍尔默为出售讨论设下了截止日期。他在致雅虎董事会的信中表示，如果公司在4月底还不接受报价，他将开始寻找新的董事会成员发动代理权战争。雅虎许多大型股东对进行中的交易表示担忧，并将他们的感受告知雅虎董事会。

雅虎董事会回应表示对交易很感兴趣，但是前提是要对相应方面进行修改。到5月2日，微软将报价提高到每股33美元，而双方似乎达成了一致。但是当第二天杨致远和他的同事，同样是合伙创始人的大卫·菲洛，飞往西雅图与史蒂夫·鲍尔默会面最终确定交易时，两个创始人将股价提高到了每股37美元。鲍尔默对自己的报价很坚决，因此交易瓦解。双方都埋怨着对方离开。鲍尔默和他在微软的团队认为杨致远和菲洛根本不想出售雅虎，他们最后试图抬价更是想要微软知难而退。同时，雅虎董事会仍旧认为鲍尔默没有打算提供一个可以接受的报价。

当 5 月 5 日星期一交易瓦解的消息公布后，雅虎的股价降低 15% 至 23.02 美元，而一个特别的股东尤其受到了损害。

毒辣的笔头运动

2008 年 5 月 15 日，雅虎董事长罗伊·博斯托克收到了让所有董事会成员备感恐惧的信。这封信是由卡尔·伊坎所写，开头是这样的："我很清楚雅虎董事表现得很不理性，已经失去了股东和微软的信任。"伊坎接着还说他已经与几个和他想法一样的股东联系过了，他们也认为雅虎本该接受微软每股 33 美元的报价。他说股东还建议他发动代理权战争替换掉现有董事会，并与微软重启并购和谈。

加里·威尔逊和博斯托克以及董事罗恩·伯克尔一起参与过与微软的交易和谈。他回忆说："卡尔认为鲍尔默提供给雅虎的'报价'是真的，但是当真的开始着手做这件事时，在我看来并不是真的投标。"

但是伊坎已经开始着手工作了。自从交易瓦解的消息宣布后，伊坎已经购入雅虎 5900 万只股票，价值约为 15 亿美元，他还获得了联邦贸易委员会的反垄断审批，额外购买了价值 25 亿美元的股票。他还整理了一份 10 人的董事候选人名单（上面包括他自己），以在接下来的那年夏天即将召开的年度大会上对抗现有的董事会。他最后在信中说希望无须代理权战争，雅虎董事会能在走到那步之前同意与微软进行交易。

雅虎回应称自己并不能依从伊坎的愿望，因为微软已经移除了自己的报价，并放弃了可能的交易。但是到了 6 月初，伊坎加紧了他的战争，此时是由杨致远担任首席执行官和董事。他突出强调雅虎前一年早期提出的员工保留策略，表示该策略能够试图对抗任何微软的"蓄意破坏"。在该计划下，雅虎表示任何雇员若是在两年内的收购中以正当理由被开除或者辞职，都可以收到一份慷慨的离职补偿。雅虎称采纳这个策略是为了帮助其在公司不稳定时期保留和吸引雇员。但是伊坎认为这是让雅虎对于潜在购买者变得不那么有吸引力的方法。

伊坎在2008年6月4日写给博斯托克的信的开头说:"我向来质疑这个国家很多董事和首席执行官的效力,结果我们公司还不如那些公司。我一直抱怨这些首席执行官和董事会为了守住自己的职位能够做到何种地步,但是我仍旧感到震惊,杨致远和雅虎董事会为了巩固自己的地位,且不让想要出售微软的董事参与决策,竟然走了这么远。"

感受到来自伊坎发动的战争和几个大股东的压力,雅虎董事会决定最后尝试看看是否能在6月初与微软完成交易。这次鲍尔默提出用10亿美元现金购买雅虎的搜索产业,但是雅虎拒绝了。

但是微软不是雅虎这段时间唯一联系的公司。6月中旬,雅虎表示已经和谷歌达成协议(微软非常想压制谷歌的统治力量),在雅虎搜索结果旁边提供谷歌的广告服务。雅虎表示期望此次交易(根据续订可以持续10年),将会在前12个月里产生2.5亿~4亿美元的运营现金流。雅虎董事会希望通过建立与谷歌的合约,使得任何有关向微软出售公司的交易议题都会被放到一边,但是卡尔·伊坎并不会被这么轻易地打发掉。

股东大会被定在2008年8月1日,雅虎和伊坎都开始认真准备。雅虎在6月底向股东发布演示文稿,重申为何其认为与微软的交易并非物有所值。同时,伊坎和微软的史蒂夫·鲍尔默开始建立同盟。他们在整个夏天进行了多次会面。鲍尔默告诉伊坎如果现任董事会在位的话他是不会收购雅虎搜索产业的。但是他表示如果伊坎的候选人被选入董事会,他愿意重启和谈。伊坎向雅虎股东写了封信,告诉他们如果支持自己的战争,与微软的交易便会重启。

伊坎找到的另一个同盟是戈登·克劳福德,他最有影响力的媒体投资者之一。一只由克劳福德管理的Capital Research基金掌有6.5%的雅虎股票,而另一只未由其掌控的基金则还拥有9.8%的股票。克劳福德与雅虎首席执行官杨致远、董事长罗伊·博斯托克、董事罗恩·伯克尔以及加里·威尔逊会面。克劳福德对雅虎的不佳表现失去了信心,给杨致远和董事会施压与微软进行交易或者寻求替代董事会的人。

雅虎管理团队感受到了压力,允许伊坎在7月11日与鲍尔默进行电话会议看看是否能够通过讨论协商完成搜索交易,但是交易再次失败了。伊坎利用这次交易瓦解再次鼓励雅虎股东否决现任董事会,为他的候选人投票。

在接下来的一周里,另一个雅虎主要股东美盛集团基金的总经理比尔·米勒表示将会在即将到来的股东大会上支持雅虎。双方都开始预测每个大型股东会怎样进行投票。伊坎手中虽然只有雅虎不到5%的股票,但他拥有一些手里掌握大量股票的股东的保证。然而他不自信能够得到大多数人的支持。他考虑减少候选人数量,推荐了四个更有获选希望的人。雅虎管理团队认为自己能够得到足够的支持赢得大多数董事会席位,但是对如果伊坎推荐更少的候选人他们将会失去部分支持持谨慎态度。

在最终投票不到两周时,双方于2008年7月21日达成了和解。雅虎同意让伊坎进入董事会,并从伊坎的候选人中挑选两名为其提供董事会席位——这两个人将由候选和治理委员会选择。罗伯特·科迪克在董事会已经服务了5年,表示不会参加再选,而董事会成员将从9名增加到11名。

雅虎私下里认为自己会赢。它避免了潜在危险的代理权投票,使伊坎的威胁化为乌有,并通过增加董事会成员稀释了伊坎在董事会的影响力。然而,雅虎董事会已经让伊坎进入其核心集团,这个曾经公众抨击雅虎首席执行官和董事的人现在知道了内情。

在董事会却不在董事会会议室

几天后,也就是2008年7月24日,代理顾问格拉斯·刘易斯建议自己的客户像前一年那样投票反对薪酬委员会的三名成员——董事长罗伊·博斯托克、罗恩·伯克尔以及阿瑟·克恩。但是此次他还对卡尔·伊坎出现在董事会会议室做出了警告。他认为伊坎在雅虎势必会将自己的董事成员增加到 8 名。格拉斯·刘易斯警告称这将会过度弱化其对股东的责任。该机构建议投资者盯着伊坎以确保他有足够的时间用于履行自己作为雅虎董事的义务。

代理顾问的建议被证实是非常机敏的。在接下来的一年里，伊坎只亲自参加了一场董事会议，这场会议是在其家乡纽约召开的，而不是在其以往一贯的地点硅谷。他通常会在董事会会议时打来电话，继续坚持与微软重启交易和谈。

最开始，人们除了对伊坎表示怀疑以外，还对现任中的两位董事——弗兰克·比昂迪和约翰·查普尔也表示怀疑。比昂迪与伊坎有几年的交情，在其 2006 年针对时代华纳公司进行的拆分战争中起到重要作用。但是很快人们就发现比昂迪和查普尔并不是伊坎的傀儡。事实上，他们通常会否决伊坎对重新拜访微软进行和谈的要求。

比昂迪称："有一件事我确实认为人们不会理解，而且确实会对设身处地的董事有影响，或者与此事有关的董事——总体来讲对股东负有信托责任，而不只是对激进主义者负有此责任。做决定更多地要靠常识而非其他。"

代理战争得以避免而所有与微软的交易都瓦解了，雅虎着手开始减少花销的行动。2008 年 10 月 21 日，雅虎宣布将在年底前削减 10% 的工作职位。一个月后，杨致远宣布将会辞去首席执行官一职，但是仍旧会作为董事，像之前一样留在公司工作。因为此则新闻雅虎股价掉到 9.39 美元——与同年早期微软投标时相比下降了 1/3。

2009 年 1 月，卡罗尔·巴茨代替杨成为首席执行官，她之前是欧特克软件公司的董事长和首席执行官，继而将董事总数增加到 12 名，进一步稀释了伊坎的影响力。

2009 年 10 月，伊坎承认失败，离开雅虎董事会。他只在董事会任职 15

个月，因为坚持要与微软进行交易令他的董事会同事非常失望。伊坎手里握有公司大量股票，希望通过交易能够让股价至少抬高一半。他希望能够通过短期投资得到利润十足的回报。相反，伊坎在股价比当初购入时降低 1/4 的时候将其在雅虎的股票出售一空。

加里·威尔逊称："卡尔是一个非常好的投资者，而任何投资者都会犯错。我认为他知道自己犯了判断的错误；公司做得不够好，所以他减少了自己的损失。"

雅虎用于防御伊坎采取进一步措施的策略有了成效。最开始是中和为其提供董事会席位造成的威胁，接着是通过增加董事成员稀释伊坎的影响力，雅虎成功地送走了一位凶猛的对手。

> 雅虎用于防御伊坎采取进一步措施的策略有了成效。

在接下来的 18 个月里，雅虎新任首席执行官卡罗尔·巴茨尝试通过一系列策略重振雅虎。她宣布削减工作岗位，并通过关闭重叠的产业和运营不良的产业简化产业线。然而股价只艰难地提到了 15 美元，比 2008 年年初微软的报价少了一半。利润率有所增加，但是营业额并未大幅增长。与此同时，谷歌和 Facebook 还继续维持着自己在网络上的统治地位。雅虎许多长期投资者仍旧因为没能接受微软报价而深深苦恼。

埃里克·杰克逊最开始在 2006 年对雅虎产生了兴趣，他是从管理顾问转行的风险投资家。他发起战争在 2007 年罢免了当时的首席执行官特里·塞梅尔和董事会成员。自此，他花了很多时间研究在亚洲的机会，并对雅虎有了新的看法。特别地，他对雅虎在雅虎日本和阿里巴巴集团的股权很感兴趣（阿里巴巴是中国的一家电商公司）。许多投资者认为本该把这些股权倾销，这样雅虎得以专心于其核心产业并能将从交易中获得的钱还给股东。2011 年 2 月，雅虎首席财务官表示公司考虑免税剥离其在雅虎日本 35% 的股票。

然而，杰克逊认为雅虎日本和阿里巴巴会在长期提供更大的价值，雅虎应该坚持保留这些股票。2005 年特里·塞梅尔在任时，雅虎在阿里巴巴拥有

40%的股票，在雅虎中国运营部分还额外握有10亿美元。从那时起，阿里巴巴成为中国不断发展的电商市场中一位令人敬畏的选手——它提供了一个网络平台让消费者可以从彼此手中或者通过该平台进行买卖。从本质上讲，这是一个中国版亚马逊和eBay的结合体，加上了一个B2B的电子商务平台。杰克逊相信雅虎在阿里巴巴持有的40%股票，将在该公司上市时价值300亿美元。通过估值法计算（包括对税单的估算），他估计雅虎的股价价值将会超过31美元——其中包括公司在亚洲的股份。这要比2011年当时大约17美元的股价增加很多。

2011年夏天，杰克逊试图让激进投资者对扰乱雅虎感兴趣。他与比尔·阿克曼的潘兴广场资本进行接洽，但其副职保罗·希拉勒告知杰克逊该对冲基金对此并不感兴趣。接着杰克逊又与第三点基金的首席执行官丹·勒布进行商谈，他的反应非常热烈。第三点基金开始在雅虎购入股票，积累了相当大的股权。勒布就进入雅虎一事向卡尔·伊坎进行了咨询，伊坎反对该计划，因为其董事会太过根深蒂固。

但是勒布不为所动。到8月的时候，第三点基金已经购入了10亿美元的股票，准备开始针对首席执行官卡罗尔·巴茨和董事长罗伊·博斯托克发动代理权战争。巴茨对雅虎进行的改变没能使其股价增加，投资者感觉愤愤不平，仍旧处于没能与微软进行每股33美元交易的苦闷之中。众所周知，巴茨和雅虎董事会其他人的关系很紧张。董事会会议室的不和谐对于勒布是一种信号，有些事情必须改变：巴茨或者博斯托克必须离开一个，最好是两个都走。

笨蛋和小丑

2011年9月的第一周，第三点基金公司的丹·勒布打算在纽约与雅虎首席执行官会面。但是这次会议永远不会进行了。9月6日，巴茨当时在纽约为第二天要进行的投资会议准备发言，她给罗伊·博斯托克打了个预约电话。这位雅虎董事长向巴茨读了一份律师准备的声明，告诉她董事会准备让她离开。巴茨打断他，表示这都是写好的台词，她认为博斯托克应该更有胆量当面告诉她。那天稍晚些时候，巴茨用自己的 iPad 给 14 000 名员工发了一封邮件，告诉他们刚刚自己被博斯托克在电话上辞退了。

第二天巴茨接受《财富》杂志采访时，称她的雅虎董事同事为"笨蛋"。她说，他们辞退她是因为他们对自己扭转雅虎疲态花的时间没有耐心，即便她相信自己的措施都是合适的，在长期看来会对公司有益。她认为 2008 年这些董事没能促成与微软的交易后，他们一直对负面批评很恐惧，他们的急不可耐就是这件事导致的结果。

在罗伊·博斯托克和雅虎董事会被巴茨贴上"笨蛋"的标签的同时，他们也受到了勒布的攻击。9 月 8 日，第三点基金宣布已经购入雅虎 6500 万股票，占公司股票总数的 5.1%。对冲基金现在成为雅虎第三大独立股东。勒布在向美国证券交易委员会提交 13D 文件展示自己的股票数量时，还向董事会致上了一封信。这是勒布惯有的行为，在高度紧张的信函中揭露自己的股票所有权，也就是他所说的"大规模杀伤性信函"。

勒布在信中对董事会辞掉巴茨表示满意，但是他也说明了一个事实就是雅虎首先雇用了她，并坚持听信她的领导长达两年半，他对董事会选择继任者的能力以及他们面对质疑的勇气表示怀疑。勒布控诉巴茨决策不良，缺少沟通技巧，这让股东、雇员、顾客和公司亚洲伙伴互相疏远。

勒布还陈述了一个事实，雅虎在 4 年里换了 4 个首席执行官，这反映出董事会决定领导者的能力严重不足。他说公司价值被低估，管理团队需要改变，其中包括更新董事会。勒布主张博斯托克和两个长期董事阿瑟·克恩以及维奥梅什·乔希辞职。他还认为另一位董事苏珊·詹姆斯和巴茨的关系太过紧密，她也应该离开董事会。勒布还补充说，他已经拟好了替代的董事会候选人名单。

他最后在信中说，如果雅虎董事会不做改变，第三点基金就准备在第二年的股东大会上推荐自己的候选人。勒布写道："这样的代理权争端是十分沉重的，我们不需要这样的战争。股东已经遭受了太多磨难，是时候为雅虎准备新的领导人了。雅虎的投资者、雇员、顾客和用户都值得我们这么做。"

勒布在接下来的一周给罗伊·博斯托克和杨致远打了电话。在通话中，博斯托克否认了勒布对他的指控，勒布认为他应该对雅虎前几年的不良表现负责，博斯托克却表示自己不会辞职。通话一个小时后，他们变得非常愤怒、暴躁，博斯托克觉得听够了并挂断了电话。

勒布的第二个策略是通过与杨致远结成同盟鼓励博斯托克。在给这位雅虎合伙创始人的信中（但是也公之于众了），勒布恳求杨致远帮他重组董事会。勒布写道："作为公司创始人和主要股东，当前领导者的糟糕表现一定令你痛心疾首，同样这也会损害你的资本净值，我们敦促你为所有股东做正确的事，推动急需的领导者变革。"

接着勒布在纽约年度 Delivering Alpha 对冲基金会议上进行发言。他利用自己在会议上的发言时间——他知道这将会在美国全国广播公司财经频道（CNBC）上播放——谈论雅虎的事。在发言中，他将雅虎董事会称为"小丑"，还说公司拥有他作为激进主义者 16 年来见过的"最可怕的管理团队之一"。他没有退缩，甚至还批评了雅虎的标志和网页界面设计。

但是勒布不是唯一想要通过扰乱雅虎寻求获利机会的投资者。整个 2011 年，许多私人股权公司询盘关于购买公司少数股票的问题，为的是最后能够收购公司。雅虎对能够阻止第三点基金的提议很感兴趣。杨致远和合伙创始人大卫·菲洛联合拥有雅虎 9.5% 的股票，他们引入友好型私人股权公司作为重要投资者，帮助他们巩固自己的地位同时防御勒布的进攻。

同时，阿里巴巴和日本软银（雅虎日本一个重要的投资者）推动公司出售其在亚洲的资产。到这时，阿里巴巴隐含价值有 350 亿美元，雅虎所持有的

40%股票价值140亿美元。雅虎主要的阻碍是销售股票要支付35%的税单，因此雅虎计划通过叫作现金充裕剥离的结构避免支付税费。这样阿里巴巴和软银将会创立一家新的子公司，由2/3的现金和其余资产组成，以替换雅虎的亚洲资产。

当勒布听到雅虎和其私人股权公司讨论的风声时，他在11月4日怒气冲冲地给董事会写了一封信，这次主要是针对杨致远的插手。勒布说杨致远和私人股权公司有关买入雅虎股票的讨论会使他和菲洛的位置得到巩固，这意味着他不会为最广大的股东利益服务，因此他应该从董事会辞职。勒布认为引入私人股权公司只会巩固管理团队和董事会地位，不会对所有股东最好的利益服务。

勒布要求为第三点基金提供两个董事会席位，以替换博斯托克和杨致远，或者增加董事成员。

在接下来的一个月里，勒布给雅虎董事又写了一封信，这次他要求其公开雅虎邀请其他公司报价的所有信函。就在此时，雅虎董事决定停止与私人股权公司的和谈，并从其亚洲资产现金充裕剥离的交易中脱身。与勒布的决战似乎不可避免了。

2012年年初，雅虎已经将近四个月没有首席执行官了。首席财务官蒂姆·莫斯担任临时首席执行官，但是1月3日董事会为eBay子公司PayPal的总经理斯科特·汤普森提供了这一全职首席执行官的职位。对汤普森的委任让整个硅谷大为震惊。这家世界上最大的科技和媒体公司之一，再次没能培养一个让董事有信心的内部继任者。

雅虎还雇用了一个之前在一家二级子公司任职的主管——刚刚当选《财富》500强首席执行官。事实上，汤普森的入职绝对不是一家如雅虎这么大的公司的传统做法。他在给招聘委员会打了一个电话的同时接受了一次采访。

随着新的首席执行官到位，投资者持续恳求更新董事会，雅虎就开始着手做这件事了。2012年前几周，杨致远从公司辞职，同时公司宣布长期董事罗伊·博斯托克、阿瑟·克恩、维奥梅什·乔希和加里·威尔逊不会参加当年在股东大会上的再选。公司还宣布硅谷知名的高管和投资者梅纳德·韦布，以及前科技公司Rovi首席执行官弗雷德·阿莫罗索将会加入董事会。

第三点基金的丹·勒布开始其战争，旨在将卡罗尔·巴茨和罗伊·博斯托克赶走，并对表现得死气沉沉且错失良机的董事会进行整改。当他成为董事会的威胁时，雅虎考虑采取一系列措施降低其影响，比如绕着圈地与私人股权公司和其亚洲伙伴进行准备工作。

但是到了2012年2月，勒布已经送走了巴茨、杨致远和博斯托克，一个新的董事会即将到来，他还有效地向董事会施压让他们放弃与私人股权公司进行交易。雅虎董事会认为这些举措可以阻止勒布的战争，但是他并不信服新的首席执行官斯科特·汤普森是能够引领公司的最佳人选，于是他决定推进自己的战争争取董事会席位。

2012年前几周，勒布花了很多时间在硅谷与科技高管和企业家会面，寻求他们对雅虎的看法并看他们是否有兴趣加入他的董事会候选人名单。他游说其他主要的雅虎投资人，试图弄清楚他们是否愿意像支持伊坎一样支持自己。此外，他试图联系了几个雅虎高管，并与汤普森有了初次会面。通过此次讨论勒布得知汤普森并没有将他只视为投资者，但是他有充分的理由瞄准董事会席位，这样一来他将对公司的行动方向有更大的影响力。

2月14日，勒布表示将会推荐4名董事候选人（包括自己），为打赢代理权战争奠定基础。他说虽然很乐意得知几名董事辞职的决定，但是董事会仍旧缺乏特定领域的专家。几年来，雅虎董事会会议室上总是议论纷纷，他们总是讨论公司是应该做媒体和广告公司还是成为科技玩家。任命汤普森作为首席执行官的决定似乎证明雅虎决定未来将关注科技创新领域。勒布称董事会缺乏媒体和娱乐产业方面的经验，他推荐音乐电视频道前主席迈克尔·沃尔夫和美国国家广播环球公司前首席执行官杰夫·朱克作为潜在董事。

勒布还说董事会缺少有企业重组经验的董事，他推荐美国财政部前高级顾问哈利·威尔逊担任此职，此前他曾帮助通用公司扭转态势。最终，勒布表示威尔逊应该加入董事会，因为他能代表股东行动。勒布将候选人名单交给雅虎候选和治理委员会进行审查。

在接下来的一个月里，第三点基金将其季度报告发给投资者。在报告中，该对冲基金详细地阐释了雅虎持有的阿里巴巴股票的潜力。他们援引瑞士银行对这家电商公司 630 亿美元的估值，并且指出虽然 2012 年是 Facebook 的一年，但是 2013 年将是阿里巴巴的一年。如果雅虎以此价值卖出其在阿里巴巴的股票，这意味着每股税后只有 13 美元多。

几天后，3 月 14 日，勒布给汤普森写了一封信，表示对自己的候选人名单没有得到候选和治理委员会的认真考虑感到失望。勒布说每个候选人都接到了不同董事会成员的电话，但是每个都不超过 30 分钟，不像是审查，更像是匆忙地致电。勒布给汤普森一周的时间接受他和他的候选人进入董事会，否则他将会开启正规的代理权战争。勒布和汤普森在那一周一直在讨论是否有哪个提名人适合进入董事会。在一次通话中，汤普森告诉勒布他不认为勒布自己有足够的资格在董事会任职。然后汤普森就挂掉了电话。

这不是勒布第一次被雅虎领导人挂掉电话。就像当罗伊·博斯托克挂掉了他的电话时，他永远都忘不了一样，他也不会忘记汤普森对他不够格的评价。

重启大规模毁灭行动

对于丹·勒布的不断纠缠，雅虎以任命在媒体、市场和广告方面有经验的三个董事作为回应。公司表示候选和治理委员会将第三点基金的建议纳入其寻找董事的标准中，但是它认为只有哈利·威尔逊具备所需经验。雅虎试图与第三点基金达成和解，表示将会接受威尔逊进入董事会，还会再加入一个雅虎和第三点基金都同意的人选。但是这个人不能来自第三点基金推荐的那三个人。勒布拒绝了这一提议，表示除非自己获得董事会席位，否则他会继续进行代理权战争。

2012年4月，代理权战争正式打响，第三点基金和雅虎都创建了很浮夸的投资者演示文稿，并将自己计划的要点展示给了股东。但是勒布等到5月3日才发动了自己决定性的攻击。在勒布给雅虎董事会的一封信中（该信也被公之于众），他表示自己在雅虎委任公告中提到的斯科特·汤普森的自传中发现了"矛盾"。该自传称这位雅虎首席执行官在马萨诸塞州的石山学院取得了会计和计算机科学学位，但是石山学院在汤普森毕业四年后才提供计算机科学课程。勒布声称，汤普森拿这个文凭充数是为了让自己看起来更适合领导大型网络公司。

勒布称第三点基金通过基础的网络搜索发现了这一违规做法，他特意指出这是在雅虎重要的对手谷歌上搜索到的。因此，他质疑雅虎董事会对雇用汤普森进行了多少审核。信件还断言曾任调查委员会以及候选和治理委员会主席的帕蒂·哈特负责审核汤普森，他也对自己在公司文件中的学历进行了美化。当天下午，哈特告知董事会自己将会退出。

与此同时，勒布还报复了曾说他不够格的首席执行官以及拒绝为他提供董事会席位的候选和治理委员会主席。因为此次披露成为国际新闻事件，勒布要求雅虎辞退汤普森。他要求完全公开对汤普森的审核过程，包括公布讨论其候选人资格时的所有会议记录。第三点基金接着通过法律手段得到了雅虎的内部资料，其中包括对汤普森和近期宣布的董事的招聘过程。

勒布赢得了这次媒体之战，许多电视评论员呼吁雅虎解雇汤普森。董事会回应表示会设立特殊委员会重新审核汤普森的学历，以及相关雇用流程。

第三点基金继续向雅虎施压要求解雇汤普森，同时还为董事会带来了四个持不同意见的候选人。同时，这次事件持续产生的负面影响令其他的主要股东感到惊慌。手中两只基金掌有雅虎超过10%股票的Capital Research，和四年前卡尔·伊坎给雅虎董事会带来毁灭性灾难时支持他的股东，告诉董事会考虑在即将到来的代理权投票中支持第三点基金。

最终因为压力太大，汤普森于2012年5月12日、13日辞去首席执行官一职，并离开雅虎董事会。同时，雅虎董事布拉德·史密斯和大卫·肯尼与勒布达成交易，同意候选人哈利·威尔逊和迈克尔·沃尔夫进入董事会。雅虎还同意为第三点基金支付400万美元的相关开销。条款声明中还表示如果第三点基金在雅虎的占股低于2%，勒布、威尔逊和沃尔夫就要从雅虎董事会辞职。

根据协议，雅虎董事长罗伊·博斯托克和其他宣布不会参与再选的董事要立刻离开董事会。博斯托克在董事会任职9年，其中在他作为董事长的4年公司极为混乱。他成功地抵御了卡尔·伊坎，但是他在董事会的日子最终结束了。

阿里巴巴和激进投资者

在整个代理权战争骚动的日子和斯科特·汤普森被驱逐之时，雅虎的首席财务官蒂姆·莫斯和阿里巴巴进行着自己的交易。阿里巴巴将会以71亿美元回购雅虎在这家中国公司一半的股票。2012年5月的这次公告意味着阿里巴巴备受瞩目的首次公开上市将会在2015年年底前进行。

勒布作为董事的首次举动之一，就是在2012年7月雇用了著名的谷歌高管玛丽莎·梅耶尔。梅耶尔这个名字曾在年初被勒布作为潜在首席执行官提起，那时他正询问其他硅谷高管意见应该选择谁来代替卡罗尔·巴茨。替代汤普森的最受人欢迎的内部候选人是罗斯·莱文索恩，他曾在汤普森离职的时候任临时首席执行官，并提出公司未来专注于媒体的计划。但是勒布和其他董事认为梅耶尔在产品开发方面的经验才是雅虎今后发展所急需的。梅耶尔的名声远不止在硅谷,她也是更广阔的商业世界和媒体领域中最知名的科技高管之一。对于勒布来说,雇用梅耶尔是非常夺人眼球的,他希望吸引有才能的工作人员重振雅虎品牌,令其看起来更加年轻、有创造力。

如果雅虎董事会期望勒布能像之前那位基金董事卡尔·伊坎一样与公司脱离,他们可能会大吃一惊。勒布和他的新董事伙伴对公司是如何运营的以及其管理计划非常感兴趣。最初,雅虎高管发现他们的注意力得以重新集中。因为梅耶尔准备在公司崭露头角,所以对于勒布和新董事的反馈与支持,她都很好地接受了。勒布在雅虎进行了很大的投资——第三点基金现在拥有6%的股票并很大胆地雇用了梅耶尔。因此,为了她的成功,勒布用钱和名声做了赌注。很快,勒布让自己成为董事会中的重要人物,梅耶尔最开始很感激有这样一个同盟。

但是不久后,不断的会议和更新调整的要求开始引发摩擦。雅虎有些高管抱怨勒布、威尔逊和沃尔夫有时候过分越界了,表现得不那么像董事,更像是公司的雇员。他们会召开内部和外部会议,这让雅虎工作人员和外部的股东感到迷惑,到底谁在代表公司说话。勒布和梅耶尔也对特定的决定持不同的意见。勒布想要雅虎尽快向股东返还其出售阿里巴巴一半股票所得的钱,而梅耶尔表示反对。勒布想要梅耶尔进行大型裁员,而梅耶尔更喜欢不那么激烈的总人数缩减行动。

新董事和新管理团队的关系越来越紧张,而就在勒布加入董事会一年后,他离开了。2013年7月,雅虎从第三点基金买回4000万股股票,使其在公司占股小于2%。根据协商条约,这意味着勒布、威尔逊和沃尔夫全部都要从董事会离职。第三点基金收到的价格是每股29.11美元,这要比18个月前勒布最初购入股票时高出很多。这场交易意味着第三点基金的最初投资有129%的回报,而且它仍掌控着雅虎2000万美元的股票。

在接下来的一年里,有一部分长期董事离开雅虎董事会,这说明其与过去已经大不相同了。在高管的领导下，雅虎继续维持着高销售额。玛丽莎·梅耶尔不受傲慢董事的束缚，她可以自由地获取手机软件和工具，试图让雅虎重新成为处于科技领导地位的公司。同时，阿里巴巴成为全球增长速度最快、宣传力度最大的公司之一。因为其仍旧是中国的私人公司，大多数西方投资者唯一能接触到其增长的方式就是在雅虎购入股票，因为雅虎仍旧在该电商公司持有大量股票。这给了梅耶尔一些喘息的空间让她得以推动自己的改革计划，因为她知道投资者需要通过它接触阿里巴巴，所以其股价会持续增长。

在阿里巴巴2014年9月19日首次公开上市时，对于雅虎和梅耶尔来说既是有益的又是有害的。阿里巴巴上市后股票价值250亿美元，是历史上最大的IPO，雅虎通过出售其在阿里巴巴1.4亿股股票赚了97亿美元。这和雅虎前两年的营业额之和差不多。雅虎表示将会把至少一半的意外之财还给股东。公司仍旧掌握阿里巴巴3.84亿股股票，因为后IPO股价的增长，这些股票的价值达370亿美元。然而与此同时，雅虎自己的股价降低了3.5%，使得公司总价值变为404亿美元。投资者无须再通过投资雅虎来接触阿里巴巴，因此它的吸引力降低了。考虑到雅虎在阿里巴巴持有的股份，市场基本上相信雅虎的核心产业只值几十亿美元。

资产剥离的巨大改变

到2014年秋天，雅虎在阿里巴巴股票的价值让另一个激进主义者感到警觉。这次是Starboard Value，因为当年对达登餐饮进行的代理权战争使其成了最有名的激进主义者之一。阿里巴巴进行首次公开上市后一周，Starboard Value首席执行官杰夫·史密斯给玛丽莎·梅耶尔和雅虎董事会写了一封公开信。他告诉他们Starboard Value已经购入"公司大量股票"，并针对公司应该怎样花从销售阿里巴巴股票得到的钱有点想法。

三年前，史密斯开始对雅虎感兴趣，那时 Starboard Value 已购入其长期竞争对手美国在线 4.5% 的股票。两家公司之间有很多相似之处，都没能在互联网泡沫破裂后重塑早期的辉煌。2012 年，Starboard Value 在为争夺在美国在线的董事会席位时失败，但是在销售股票时赚取了利润。

史密斯在给梅耶尔的信中批评道：自从她接管雅虎之后，其销售额增长较少。他说梅耶尔应该结束她以并购为基础的策略，因为这对股东价值的增加并没有帮助。相反，他认为雅虎应该减少开销，并且通过将本应支付的税费最小化的方式出售其在阿里巴巴和雅虎日本剩下的股份。史密斯建议雅虎应该寻求方式，利用从销售阿里巴巴股票赚得的钱与美国在线并购。

自从两年前雅虎被公开作为激进投资者的目标后，雅虎董事会和管理团队已经彻底改变了。但是新的政权明显已经从之前的代理权战争中吸取了教训，因此这次的反应完全不同。梅耶尔发表了一份公开声明，表示她欢迎 Starboard Value 加入并会考虑史密斯的提议。雅虎董事会和管理团队会见了 Starboard Value，史密斯和梅耶尔在 2014 年 10 月进行了会晤。

Starboard Value 继续向雅虎施压，命其与美国在线并购，11 月该对冲基金表示手中掌握雅虎 0.8% 的股票（这令其成为公司外部十大投资者之一），以及在美国在线新的 5.3% 的股票。Starboard Value 令自己在两家公司都有影响力，希望能推动交易达成。

2015 年 1 月，史密斯给梅耶尔写了另一封信，这次要求她公开自己针对阿里巴巴和雅虎日本资产的计划。他说对听到她正考虑进行的许多大型交易表示担忧，比如从时代华纳集团手中购入美国有线电视新闻网（CNN），以及重新采纳能够赚得很多现金的资产剥离方案，卖掉雅虎在亚洲的资产。他说他宁可雅虎剥离其阿里巴巴和雅虎日本的利润使其成为单独实体。

史密斯还重启了其雅虎－美国在线合作的构想，认为这样的交易最多可以让双方节省 15 亿美元。但是他在信的结尾警告称："你是否应该反而思考寻求不同的替代之路，寻求大型并购，或者追求现金较多的剥离计划，这些行动都已经经过认真思考，这样的行动对我们来说是明显的暗示，雅虎需要进行大型的领导人变革了。"这个推论是很明显的：如果梅耶尔忽视他的要求，她就会发现自己和前辈陷入了相似的境地，受到了激进投资者的重击。

就在两周后，雅虎宣布其免税剥离阿里巴巴股份计划。它将用在阿里巴巴剩下的 3.84 亿股股票创立一家独立的公司，市场价值为 400 亿美元。被剥离公司的股票将会转交给雅虎股东，这场交易将在 2015 年年底之前完成。

Starboard Value 对这一宣言表示欢迎，雅虎和梅耶尔似乎从最近激进主义者的意图攻击中脱身了。但是接下来 6 个月发生的事情再次打破了和平。2015 年 5 月，威瑞森（Verizon）宣布以 44 亿美元收购美国在线，这可能将雅虎潜在的联合打破。与此同时，由于面临不断加剧的竞争和缓慢增长的国内市场，整个 2015 年阿里巴巴的股价跌到低于之前的 1/5。同时有传言愈甚，美国国税局将重新审核其在免税剥离交易上的宽松姿态，这将会威胁到雅虎对其掌握的阿里巴巴股份的计划。

2015 年整个夏天，杰夫·史密斯持续与玛丽莎·梅耶尔、雅虎董事长梅纳德·韦布和首席财务官肯·戈德曼进行会面和常规通话。雅虎曾要求对这些会议保密，Starboard Value 不会发起代理权战争。但是史密斯对雅虎拒绝减少开销和提高其利润变得越来越不耐烦。

到目前为止，梅耶尔所打响的战争从两个方面看来代价越来越高昂：试图与谷歌在搜索方面竞争，以及试图与日益兴起的对手 Netflix 公司在制作视频方面进行竞争。雅虎的这些尝试都进行得非常吃力。自从梅耶尔加入以后，雅虎核心产业的销售实际上减少了，从 2012 年的 45 亿美元减少到 2014 年的 44 亿美元。同时，公司全球数字广告费用份额从 2012 年的 3.4% 降至 2015 年的少于 2%。公司股价在整个 2015 年降低至之前的 1/3，大约为 33 美元，这主要是由阿里巴巴市场价值降低导致的。

史密斯开始为自己寻求董事会席位，然后在 2015 年 11 月对自己的个人意图没有得到回应逐渐失望。史密斯给雅虎管理团队和董事会写了一封公开信，在信中，史密斯称虽然 Starboard Value 仍旧感觉雅虎应该从阿里巴巴和雅虎日本的股份中分离其核心产业，但是他现在认为剥离亚洲财产的计划很危险，因为美国国税局态度的改变可能会导致大量的资本利得税。史密斯称，相反雅虎应该为其核心产业找到买家，并向股东重新分配所得利益。最后，他在信中警告说："正如我们向你表达的这样，我们希望股东利益是至高无上的，如果你继续破坏股东价值，我们将会寻求董事会的重大变革。"

> 我们希望股东利益是至高无上的。

就在几周前，玛丽莎·梅耶尔在给投资者的电话会议上宣布剥离亚洲资产的计划将在年底前"全面展开"，但是现在一个早期运动的支持者正催促雅虎扭转趋势。雅虎草率地咨询了其主要投资者，发现许多人有着和 Starboard Value 一样的恐惧，担心潜在的税收打击。在 2015 年 12 月的一次会议上，雅虎董事会同意取消阿里巴巴剥离计划，并寻求出售其核心产业的其他选择。Starboard Value 达到了自己的目的。

雅虎再次让一个激进投资者定义了其未来，但是 Starboard Value 还不满足。2016 年 3 月，该对冲基金宣布准备在 7 月的年度股东大会上推荐包括史密斯在内的 9 名候选人，替代整个雅虎董事会。史密斯在信中向董事会写道："我们想象不出任何方案使雅虎股东可以信任当前的管理团队和董事会，多年来在现任领导者的带领下，他们的各种扭转计划都失败了。"

雅虎再次面临激进主义者决战。

| 第5章 |

美国艾尔建和非正式联盟

文化冲突

近几年来，最激烈而且非常规的激进主义战争开始于两个制药高管足够友好的对话。2012年9月，威朗（Valeant）制药的首席执行官兼董事长迈克尔·皮尔逊为他在艾尔建的对手提供了报价。

虽然这两个人已经相识多年，但是他们的性格截然不同。派奥特在伦敦出生，父母是苏格兰人，在保健行业以性格温和体贴著称。他小时候在印度居住过，会用华丽的引用和类比修饰自己的对话。派奥特在1998年加入艾尔建，见证了公司从20亿美元的眼部护理方面的产业，壮大至该领域中全球最大的医疗设备和制药公司之一。他很自豪，公司的发展多数是基于艾尔建热衷于研发，从小公司买来其开发的产品后对其进行培育。

虽然这两个人关系很好，但是派奥特对皮尔逊做生意的方式不屑一顾，这和他在艾尔建所捍卫的方式从本质上有所不同。皮尔逊因直言不讳和成本意识而知名。他曾在咨询公司麦肯锡做了23年管理顾问。他曾给鲜为人知的企业威朗提出建议。因为被他的建议打动,威朗于 2008 年雇用他为首席执行官。

皮尔逊建议威朗缩减研发预算,反而去收购已经在市场上研发出成功药物的竞争者。购入竞争对手的连环收购策略在私人股权公司中非常流行。每场交易后威朗的价值都会有所增加,同时可以从经济规模中获益。它还可以提高购入药品的价格,以此提高利润。在皮尔逊的领导下,威朗完成了 100 笔收购,股价抬升了近 900%。

大多数交易都是与价值小于 10 亿美元的小公司进行的。皮尔逊的计划是将威朗发展成医药行业的巨头,使其价值达到 1500 亿美元。到 2012 年,迈克尔·皮尔逊决定威朗可以通过收购一个行业中的最大选手而实现快速发展,他认为艾尔建正合适。艾尔建是制药行业的大品牌,特别是其著名的肉毒杆菌品牌,占其产业的 1/3,深受传统保健产业分析师和选股者的喜爱。相反,除了不可忽视的增长以外,威朗即便在药品行业专家那里名声也很小。如果皮尔逊可以收购艾尔建,不仅会使威朗名声大噪,也会在很大程度上提升他自己的名气。

> 迈克尔·皮尔逊决定威朗可以通过收购一个行业中的最大选手而实现快速发展。

因此在 2012 年 9 月,皮尔逊给派奥特打电话看他是否有兴趣将艾尔建卖给威朗。这位艾尔建的首席执行官最初并没有什么热情。派奥特相信皮尔逊和威朗的并购驱动策略最终将会失势,缺少研发在长期看来会妨碍公司发展。派奥特不想让艾尔建只成为快速发展的威朗的一个部门,他害怕威朗最终将会衰退。但是他告诉皮尔逊将会把报价提交给艾尔建董事会。两周后派奥特给了皮尔逊答复:董事会拒绝了他的提议。

但是这次拒绝并没有令威朗在很长时间内不知所措。2014 年 2 月,皮尔逊再次联络派奥特。他要求去艾尔建位于奥兰治县的总部亲自与其见面。派奥特怀疑皮尔逊准备再次提供报价,所以他建议两个人在迈阿密即将举办的皮肤病大会上见面。威朗继续执行其过渡期抢购策略,在皮肤病和化妆品专家

Medicis 上花费超过 110 亿美元，并联系镜片制造商博士伦。皮尔逊和派奥特决定下一周在迈阿密共进晚餐。

派奥特依旧非常反对皮尔逊收购其公司的计划。虽然威朗正以难以置信的速度发展，但是派奥特总结称它没有能力自己推动恶意收购。两家公司的市场价值差不多，都是 370 亿美元左右。他认为威朗在 Medicis 和博士伦的花销超过 110 亿美元，没有资金能够融资竞标艾尔建，而且其信用评级较低。派奥特相信对威朗来说筹钱在资本市场上对艾尔建进行并购，价格太过高昂。所以，他花了几天时间与华尔街的分析师交流，认为对艾尔建股东来说这场交易并不合适。分析师适当地汇报了他们的对话，总结称艾尔建将不会对这场交易感兴趣。派奥特表明：艾尔建不会被出售。

有创造力的伙伴

然而，大卫·派奥特不知道的是此时迈克尔·皮尔逊和威朗并不是孤军奋战。前一个月，在旧金山召开的摩根大通银行年度医疗保健会议上，皮尔逊偶然碰到之前在麦肯锡的同事比尔·多伊尔。多伊尔最近加入了激进对冲基金潘兴广场资本管理公司，该公司的运营者是他在哈佛商学院的同班同学比尔·阿克曼。皮尔逊和多伊尔商讨了威朗的并购策略，多伊尔表示，可能艾尔建和潘兴两家公司有办法进行合作。

在接下来的几周里，皮尔逊与多伊尔和阿克曼进行了几次会议交流。皮尔逊还在会议上带来了威朗的一位董事梅森·墨菲特。他是另一家激进对冲基金 ValueAct 的总裁，这家公司也是威朗的一个长期投资者。在对话中，双方商讨了一个计划，威朗将会定下潜在的并购目标，并在私下里告诉潘兴。如果潘兴对交易感兴趣，该对冲基金就会与威朗合作鼓励目标出售。

这个伙伴似乎是个劲敌。潘兴和阿克曼是运用其法律理性与媒体联络让公司服从自己意愿的专家。与此同时，皮尔逊证实自己在确立合适的公司、低价收购、整合和创造巨大利润方面是专家。因为阿克曼站在他这一边，皮尔逊对其富有侵略性的增长策略所依赖的收购更大的目标信心十足。这是第一次激进主义者以这样的方式组队进行恶意收购，而双方都很满意这样的创新安排。

> 潘兴和阿克曼是运用其法律理性与媒体联络让公司服从自己意愿的专家。

阿克曼认为在用像毒丸这样的防御策略阻止企业狙击之前，要做的事远比维持20世纪80年代建立的收购模式重要。他后来在激进主义投资会议上告诉一位听众："如果私人股份基金和私人股份并购者组队的话，人们就会对其高看一眼。事实上，因为它是对冲基金，所以人们认为它有点搞笑。"

但是这样的伙伴关系往往不会被认可：威朗和潘兴的关系可能会招致内部交易的指控。然而，潘兴已经做好准备被两家公司的企业律师和美国证券交易委员会执法部门前主管罗伯特·库萨米审查。潘兴被告知只要威朗不传递违反其信托责任或者保密协议的信息，它的准备就是很完善的，不会打破内部交易规则。

此时，迈克尔·皮尔逊联络大卫·派奥特准备召开会议。虽然威朗和潘兴都坚持认为艾尔建只是可能的目标之一，而且并没有对此进行仔细的讨论，但是艾尔建依旧是它们讨论的潜在并购目标。然而，在收到艾尔建和派奥特仍旧很反对收购的分析报告后，皮尔逊取消了在迈阿密的会议。

2月25日～4月21日，潘兴通过合资企业逐渐在艾尔建控股9.7%，花费32亿美元。对于潘兴来说，这是一笔不小的投资，占其总资产的1/3。除了购买股份以外，潘兴还用期权和衍生产品壮大其控股，这意味着它可以在不被注意的情况下增强自己在公司的地位。通过使用衍生产品，潘兴可以不用根据反垄断法向美国联邦贸易委员会汇报，否则它就要像支持收购竞标那样做了。

就在此时，ValueAct的梅森·墨菲特离开了威朗董事会。ValueAct于

2006年开始投资威朗,该对冲基金曾是让迈克尔·皮尔逊担任首席执行官的一个主要支持者,并支持他所采取的并购策略。墨菲特在董事会任职7年,曾是皮尔逊薪酬结构的主要缔造者之一,这给了他更大的激励将生意做大。墨菲特最初是支持威朗和潘兴合作的,但是他逐渐对阿克曼买股票的方式感到不舒服。虽然这种方式是合法的,但是墨菲特认为这可能会破坏ValueAct和机构投资者的关系。将部分股票卖给潘兴的艾尔建股东并不知道威朗打算收购这家公司。

墨菲特称:"比尔·阿克曼想出了一个非常有创意的方式——如果这个方式是合法的,那就是值得赞赏的。然而,它并没有继承我眼中反垄断法和内部交易法的精神,这激怒了股东。我认为这件事并不适合被用来与我们的企业董事做特许经营,我们想要光明磊落地做正确的事,这就是为什么我从董事会辞职。"

珍珠港时刻

2014年4月21日,就在合资经营已经在所有权方面完成5%后的第10天,潘兴和威朗分别送交了13D文件,并公布其在艾尔建拥有大量股票,这次新的协商成为大型的商业新闻故事。美国的首席执行官和董事会都注视着这次激进主义者和恶意收购的联合,他们担心这将会开启企业狙击新领域的先河,这样他们不仅要应对试图购买他们公司的对手,还要防御高效激进主义者的进攻。

大卫·派奥特第一次听说潘兴介入,是《华尔街日报》的一位记者给艾尔建新闻办公室打电话咨询其有关13D文件的想法的时候。后来,他看到比尔·阿克曼在接受美国全国广播公司财经频道的采访时讨论威朗对其公司的投标。派奥特回忆时称:"这是我们的珍珠港时刻,接下来的几天战舰将熊熊燃烧,直到我们一起行动。"

威朗和潘兴公开自己情况的第二天,迈克尔·皮尔逊给派奥特写了一封信，向艾尔建提出官方报价并制定相关条款。皮尔逊写道，威朗愿意为艾尔建以现金和股票收购的形式支付 481 亿美元。艾尔建的股东将会从这场交易中得到新公司的 43%，这个报价得到当时公司的最大股东潘兴的支持。皮尔逊称他预计通过两家公司协同合作一年能够节省 27 亿美元，同时能够减少开销。省钱的方式包括将艾尔建的汇率从 26% 减少至 9%——对于这件事，威朗做得到，因为它的总部在加拿大。

当天稍晚些时候，威朗和潘兴为股东与媒体做了介绍，阿克曼、多伊尔、皮尔逊和其他威朗高管在演示中宣布了报价。阿克曼讲了一件轶事以强调皮尔逊的成本意识。在最近的一次会议上，他让皮尔逊的一个助手给他一份墨西哥鸡肉卷，"然后皮尔逊走进了会议室，跟我要了 20 美元。这是真事，"他说，"我不记得我有没有拿到零钱了。"那天后，艾尔建的股价增长 15%，公司价值约为 490 亿美元。这个价值要比威朗收购的报价稍高一点，说明市场希望威朗能在艾尔建接受收购计划之前带来更高的报价。

与此同时，艾尔建董事会召开了自己的会议。派奥特召集特殊会议讨论威朗的计划以及威朗与潘兴的关系。出席会议的还有艾尔建金融顾问的代表高盛集团和美国美林银行，以及其律师方瑞生国际律师事务所和 Richards, Layton&Finger 律师事务所。董事会草率地采纳了毒丸计划。这确保如果任何投资者购买超过公司股票的 10%，其他股东的投票权将会自动提高，以此限制想要成为并购者的力量。毒丸计划通常会使股东愤怒，但是艾尔建坚持表示引进该计划不是要阻碍收购，而是给董事会和其他股东时间以考虑其他措施的好处。和许多公司一样，艾尔建之前也适时采用过毒丸计划，但是几年前就弃用了。这次董事会表示只会执行一年该手段，以此能够让公司在面临恶意收购时有一点喘息的空间。

许多艾尔建的董事同意派奥特有关威朗商业模式的观点。他们听了很多皮尔逊和威朗的事迹：他们收购公司，为了短期收益提高药品价格，破坏医生和公司顾客（也就是病人）的关系，接着继续他们的下一个目标。艾尔建首席董事迈克尔·加拉格尔称："从我们的角度来看，这次联合不太合理。"但是董事会有信托责任，所以会对报价保持开放的心态，并对其进行全面的评估。加拉格尔补充说："我们不得不令人厌烦地花费大量时间讨论、争辩和追踪计划，因为我们所讨论的问题对于公司和所有利益相关者来说都是非常重要的，这些利益相关者包括：股东、雇员、病人和医生。"

在派奥特的最初决定中，他用了90%的时间处理恶意收购，将公司每天的运营交给艾尔建总经理道格·英格拉姆和研发主管斯科特·维特卡普。派奥特称："事后醒悟过来，我发现自己错了，我将98%的时间都用来处理掠夺者了。"

对于艾尔建董事会而言，一个主要的阻碍在于报价的一个重要组成部分是威朗的股票。他们已经开始对威朗的前景表示担忧，但是他们不得不对其进行详细的分析，因为如果交易继续进行的话，艾尔建股东最终将会拥有威朗的股票。董事会还认为虽然481亿美元的报价要比艾尔建当时的市场价值高，但是这个价格大大贬低了艾尔建的潜在价值。他们已经听到汇报称皮尔逊对便宜购入艾尔建感到骄傲，认为其最初对艾尔建的报价就是最新例证。

因为报价的大部分由威朗股票组成（威朗还是一家名声在医疗保健业远不及艾尔建的公司），潘兴认为此次运动需要提高威朗的名气。如果更多的艾尔建投资者被说服威朗股票是值得拥有的，他们可能会接受交易的计划。

沟通破裂

在接下来的几天里，潘兴的比尔·阿克曼试图安排与艾尔建的首席董事迈克尔·加拉格尔进行一对一的电话会议。但是他被告知，虽然加拉格尔同意和他通话，但是首席执行官大卫·派奥特、艾尔建投资关系部高级副总裁约翰·欣德曼也要参与其中。阿克曼担心这些包括派奥特在内既是首席执行官又是董事长的管理者会反对收购，因为如果收购继续的话，他们的职位就会不保。他想私下里与加拉格尔进行对话，加拉格尔代表董事会的独立董事。在电话中，阿克曼枉费心机，希望与加拉格尔进行后续的一对一通话，刚开始是跟他要个人联系方式，接着建议和加拉格尔及其公司法律总顾问一起通话。但是加拉格尔拒绝了他这些请求。

在该过程早期时，艾尔建董事会决定派奥特应该作为整个交易的主要发言人。加拉格尔回忆时称："阿克曼非常不喜欢这个决定，因为他的一个主要手段（非常符合现在情境中激进主义者的标准做法）是让外部董事和高管团队关系破裂。我们考虑到这点后，想要给他传递一个信息就是绝不会发生这些事情。我告诉他如果需要我和他单独对话，我将会决定那是什么时候。"

在威朗给出报价后的几周，公司首席执行官兼董事长迈克尔·皮尔逊以及首席财务官霍华德·席勒前往北美地区，在纽约、巴尔的摩、波士顿、洛杉矶、旧金山、温哥华和南佛罗里达会见了艾尔建最大的股东。在威朗第一季度财务结果汇报会上，席勒表示他们收到了积极的反馈，与他们沟通的股东认为收购是可行的。

2014年5月初，开始有新闻报道艾尔建正在寻找代替威朗的其他交易。这些进行的交易中存在潜在的税费倒置，艾尔建想要策划由一家海外公司收购，然后将公司总部搬到该公司所在国家，以此从较低的税制中受益。5月5日，阿克曼给艾尔建董事会写了一封信，虽然艾尔建董事看起来恪尽职守，试图寻找更好的交易，但是他认为威朗为公司提供了最好的机会，董事会应该转而将精力放在与威朗进行和谈上。他说如果艾尔建不尽快开始和谈，威朗可能会降低报价。

5月10日，艾尔建董事会（所有成员都在前一周股东大会上经过再选）与公司金融和法律顾问会面。他们商讨了威朗的报价，并一致决定拒绝接受，认为他们提议的价格贬低了艾尔建的价值，因为威朗的权益组成，这场交易会为股东带来风险和不确定性。两天后，派奥特给皮尔逊写信传达了董事会的决定，解释称董事会对报价存在的一个主要的疑虑在于其中有大量的股票成分。他们认为此举将会让艾尔建的股东暴露于和威朗长期经营模式相关的风险之中。派奥特写道："威朗的策略与艾尔建关注顾客的方式背道而驰，尤其是我们怀疑威朗怎么才能在不伤害公司长期生命力和产业增长轨迹的情况下，实现其提议的成本降低标准。鉴于这些和其他原因，我们不认为威朗的经营模式具有可持续性。"

皮尔逊写信回应艾尔建股东，他表示威朗计划提高对艾尔建的报价，通过网络直播的方式解释其经营模式并对其进行辩护，这些都计划于月底前完成。5月13日当天晚上，阿克曼给派奥特致电，要求知道为什么艾尔建董事会甚至还未与威朗会面就拒绝了收购。阿克曼还告诉派奥特他想私下与艾尔建独立董事见面，但是派奥特表示这不可能，因为他是董事会授权唯一能够与股东对话的人。

阿克曼逐渐感到失望，因为他不能和整个艾尔建董事会进行私人会面，他还感觉到派奥特在阻碍自己的并购活动，因此他决定采取更直接的方式。5月19日，他给首席董事迈克尔·加拉格尔和其他董事会成员写了一封公开信。他写道："很明显，因为威朗的并购提议，董事长兼首席执行官大卫·派奥特面临着利益冲突，他可能会失去在公司的领导地位，还可能导致自己丢掉工作。因此，他不能独立地代表公司考虑威朗的并购。"

加拉格尔做出回应。代表董事会，他写道："我们非常不同意你的观点，以及你显然试图孤立大卫·派奥特的策略。他为艾尔建股东创造了无数价值，他最关心的就是所有股东的最佳利益。"

威朗安排在5月28日进行投资者演示，计划在演示过程中宣布对艾尔建的新报价。但是在前一天，艾尔建自己进行了一场演示介绍，批评了威朗的经营模式。他批评威朗利用债务疯狂抢购的策略，因为这终将会受到增长的利率的威胁。艾尔建质疑威朗的营业额增长，以及威朗并购 Medicis 和博士伦后，这两家公司在其控制下运营如何。演示还批评威朗削减艾尔建 27 亿美元开销的计划，认为如果不削减研发投入这是不可能做到的。

第二天，威朗用演示文件向华尔街分析师反击。在文稿中，皮尔逊反驳了每一条艾尔建的控诉，并断言艾尔建在研发上投入过多。前一年其预算是 11 亿美元。皮尔逊称联合公司的年度研发费用将是这个数字的 1/3。他还宣布将改善投标，把现金和股票报价提高到每股 166 美元，艾尔建公司的价值将达到 494 亿美元。另外，如果其正在研发的眼药能够实现其销售目标，将会为每股增加 25 美元。派奥特表示董事会将会考虑这个新报价。

但是在威朗和潘兴得到艾尔建的回复之前，它们再次提高了报价。5 月 29 日，阿克曼参加了在纽约召开的投资者大会，在会议上他遇见了几个艾尔建的主要股东。他们告诉他如果报价提高到每股 180 美元，他们就会支持收购。阿克曼得到暗示之后，在第二天（数日内第二次）提高了报价。这次的数字是每股不到 180 美元，艾尔建的价值将达到 533 亿美元。阿克曼和皮尔逊现在很自信即使董事会拒绝了其最新报价，不管怎样他们会得到足够多的股东的支持，以让董事会接受。

派奥特称："因为最开始他们对我们的大肆抨击，我想他们很有信心相信这些骂声（可能在首次竞标后会更多）将会让我们坐上和谈桌，但是我们坚决地拒绝了。"

纸牌屋

然而，比尔·阿克曼和迈克尔·皮尔逊已经习惯于达到自己的目的。没有等待着看艾尔建董事会是否会接受自己的最新报价，他们决定推动这一进程。2014 年 6 月 2 日，潘兴要求给艾尔建所有的股东召开特殊会议。为了应对艾尔建董事对收购的反对，该对冲基金想要推动董事再选。受前一周他在投资者大会上得到的反馈支持，阿克曼现在相信潘兴和威朗能够在艾尔建得到足够多的支持。如果艾尔建董事会仍旧不接受他们的方案，他们可以投票使大多数董事下台。根据艾尔建的公司章程，潘兴必须得到手中掌握 25% 艾尔建股票的投资者的支持。因为潘兴已经拿到 10% 的股票，所以阿克曼很自信能满足这一要求。

大卫·派奥特和艾尔建董事会现在也意识到这场战争开始有利于他们的对手了。但是他们仍旧坚定地反对将公司出售给威朗，并将会尽自己所能确保收购不会发生。6 月 10 日，董事会官方否决了威朗的最新报价。但是其下一步动作很好地揭示了这场激进主义战争的个性。

> 其下一步动作很好地揭示了这场激进主义战争的个性。

7 月 16 日早上，摩根士丹利并购部主管罗伯特·金德勒（也是威朗对艾尔建竞标的顾问）受邀参加财经论坛（这个节目是美国全国广播公司财经频道关于投入市场前的生意新闻的讨论）。他被问到为什么这场交易花了这么长时间。他说艾尔建的防御策略是有缺口的，而且似乎目前并没有其他的竞标者，所以威朗可能会赢。"这场电影的结局是很清晰的，只不过要花点时间。"

然而，虽然金德勒出现在媒体聚光灯下，但是艾尔建准备发布一系列令人为难的邮件。摩根士丹利被威朗雇用之前，曾试图帮助保护艾尔建。在一封邮件中，银行医疗团队的一位执行董事称金德勒愿意用"自己与媒体和分析师的重要关系，清晰而具体地表达出为什么威朗是纸牌屋，（艾尔建的）投资者不应该想要那些他们的股票"。

金德勒在给派奥特的单独信件中写道："我的启示是（艾尔建）对于（威朗）的经营模式和汇率方面攻击性不够。"

艾尔建有些顾问最开始对公开邮件表示担忧。有些人认为这会打破禁忌，暴露他们中间人的个人想法和议论。艾尔建还雇用了在处理恶意收购方面最有名的公关顾问 Joele Frank。她告诉派奥特："如果感觉好的话，不要这样做。"但是派奥特依旧推进了自己的计划，认为这些邮件展现出的他对威朗策略中脆弱性的观点也被其他人广泛接受，甚至是威朗的顾问都知道这些问题。

艾尔建首席董事迈克尔·加拉格尔称："许多最终成为他们顾问的人都曾找过我们，要我们雇用他们。这就是其中一个特别明显的问题，（金德勒）信誉扫地，从那以后他就没有什么用处了。在试图出于某些原因被雇用时，他们还有很多事要做。"然而，皮尔逊对这些邮件的泄露一笑置之，表示比起暴露出威朗模式上的缺陷，这些邮件要更多地展现出艾尔建的绝望。

到现在为止，双方都一致认为似乎代理权战争是不可避免的。就在差不多这个时候，潘兴将艾尔建告上法庭，以确保自己能在不触发毒丸计划的情况下召开特殊会议。友好停战的机会很快就消失了。

摩根士丹利邮件：威朗"纸牌屋"

爱德·哈蒙德

华尔街交易的凶狠战术在星期一艾尔建披露个人邮件后有了新的突破，这家肉毒杆菌制造商成为威朗试图以533亿美元收购的目标。在艾尔建公开的个人邮件中，这家收购公司自己的银行家称他们的客户为"纸牌屋"。

公布往来通信是摩根士丹利为了帮助艾尔建防御威朗部分失败的游说工作。为了取得成功，银行称将会证明威朗的经营模式是有缺陷的——这是自从威朗开始接触艾尔建后，艾尔建经常主张的一点。

在一封邮件中，摩根士丹利的医疗团队执行董事大卫·霍恩声称银行并购部主管罗伯特·金德勒，将会运用"自己与媒体和分析师的重要关系，清晰而具体地表达出为什么威朗是纸牌屋，（艾尔建的）投资者不应该想要拿他们的股票"。

在另一封艾尔建宣称是金德勒写给其首席执行官派奥特的信件中，这位银行家鼓励艾尔建在攻击威朗的经营模式上要更强有力。

金德勒说："我的启示是（艾尔建）对于（威朗）的经营模式和汇率方面攻击性

不够。"

没能受艾尔建雇用,摩根士丹利成功被威朗委任作为其恶意收购的顾问。

自从4月威朗用其现金和股票发动竞标后,两家公司一直忙于进行逐渐变得艰苦的语言战争,它们都声称对方的经营模式有根本的缺陷。

艾尔建所持论点的核心在于其股东不应该接受威朗将其股票作为报价的一部分,因为威朗的生意并不是可持续的商业行为。同时,威朗指控艾尔建在研发经费上挥霍无度。双方为了强调自己所传递的信息准备发动激烈的战争。

收购战俨然成为关于制药公司应该怎样寻求增长的代理权辩论:艾尔建吹捧自己研发驱动的策略,而威朗与激进投资者比尔·阿克曼组队,承诺将会找到更高效的方法。

即便如此,邮件的公布以及艾尔建试图让威朗顾问信誉扫地的行为仍旧成了战争中一个丑陋的转折点。

并购顾问通常在做生意时非常具有侵略性,但是他们都希望这些对潜在顾客的建议能够被保密。艾尔建分享这些信息的决定表明其在争取阻止威朗的行动中,要越过传统防御措施。

向来不断地为其经营模式中的活力而进行防御的威朗,在星期一表示支持这位银行家。"金德勒是这里最好的并购银行家之一,"公司首席执行官迈克尔·皮尔逊称,"虽然之后我们会取笑他,但是他仍旧是我们团队中重要的一员。很明显,艾尔建的行为是其已经走投无路的标志,我们期望能够证明这些反对者是错误的。"

摩根士丹利则拒绝对这些邮件做评价。

资料来源:Hammond, E., Valeant "a house of cards", say Morgan Stanley emails. *Financial Times*, 16 June 2014.

© The Financial Times Limited 2014. All Rights Reserved.

投标报价

到2014年6月中旬,迈克尔·皮尔逊越来越对这场交易要花费的时间表示失望。艾尔建董事会拒绝了他的投标,同时拒绝开展讨论想办法得出双方都能接受的报价。艾尔建的毒丸计划也证明其在阻碍交易,同时它还将潘兴拖进公堂。于是，皮尔逊再次试图掌控形势。

6月18日，威朗进行了一次报价，这给了艾尔建的股东选择的机会，他们可以用自己的股票换取现金和威朗的股票。艾尔建警告股东不要接受这个提议。这是皮尔逊做出的一个大胆的举动，威朗正在直接请求艾尔建的股东反对董事会意愿。但是这是很危险的，因为投标报价是受更为严格的美国证券交易委员会的管理，而非收购本身。威朗和潘兴的新型伙伴关系因此也会经过额外的审核。

到6月底，潘兴和艾尔建达成合约允许潘兴在不触发毒丸计划的情况下争取特殊会议，这些实际上会在7月初进行。在一份代理权征求声明中（从召开特殊会议开始准备，并寻求其他股东支持），潘兴表示这是一场直接在艾尔建董事会会议室中进行的收购战。这家激进主义公司证实将会移除大部分艾尔建董事成员，原来的9个人只会留下3个，旨在用能够推进威朗交易的董事候选人替代这些人。在潘兴针对的6个董事中有首席董事迈克尔·加拉格尔。然而，董事长大卫·派奥特却不在潘兴的攻击列表上。

潘兴还透露了推荐的候选人名单。每个人都有做高管和董事的重要经验，大多数有医疗行业、风投和私人股权公司工作的背景。代理权征求声明提议股东能够对有利于让艾尔建董事会在收购上与威朗进行和谈的方面进行投票。

艾尔建发表声明回应称，自己的董事会是由比潘兴候选人拥有"明显更多行业经验"的人组成。潘兴最近试图以"很低"的价格收购艾尔建。艾尔建接着在7月中旬发布了股东演示文稿，进一步痛斥威朗的经营模式和其长期的增长前景。艾尔建向股东发布了自己的代理权声明，力劝他们不要为召开特殊会议投票。

7月16日，当潘兴首席执行官比尔·阿克曼给艾尔建董事会送出一封刻薄的信时，双方言辞的辛辣味儿加剧。这封信的开头是这样的："在我21年的管理投资生涯中，我想不出我的资产组合中有任何其他的例子，和你们董事会在回应威朗并购提议时候表现得一样差。"你们对威朗的焦土作战是出格的。你们指控威朗审计欺诈，伪造增长率和业务表现，而你们并没有真实的证据来证明这些主张。如果有人为了压低威朗股价传播错误的误导性信息，那么这明显是市场操纵行为。"

阿克曼接着概述为什么他认为威朗的报价并不是艾尔建所声称的"很低"，而是对于股东来说很好的交易报价。他批评艾尔建董事会没有与威朗进行会议就驳回了这场交易。他写道："底线是这样的，你们应该照照镜子问问自己作为艾尔建的董事，你们的行为是否合适，是否与你们长期的个人名誉，以及你们想被机构投资者、个人投资者、公众、社区成员和直接家庭成员感知与评判的方法一致。"

他补充道："我们相信，到目前为止大多数艾尔建股东非常关心的是你并没有履行你的信托责任。可能对你个人更重要的是，你破坏了作为企业公民的名誉。我们提醒你，用一生建立的名誉，摧毁只需要几分钟。"

潘兴在正面攻击艾尔建董事会，而威朗则从另一条不太直接的路线施加压力。7月末，威朗向美国证券交易委员会和加拿大官方发布官方文件，抱怨艾尔建对其表现的错误声明。威朗断言艾尔建之所以这样做是为了压低威朗的股价，因此贬低其现金和股票的报价（这是因为威朗的股票会贬值）。

艾尔建对威朗关于不道德行为的申诉不甘示弱，并大量增加了股票。8月1日，艾尔建向加利福尼亚法庭申诉，控告威朗和潘兴合作进行"不正当非法的内部交易计划"，违背了美国证券交易法。这件事取决于皮尔逊孤注一掷的招标行为。诉讼认为，威朗在告诉更广阔的市场之前，已经告诉潘兴自己要发动恶意收购的决定，向该对冲基金提供了内部信息。诉讼称，潘兴在接下来的几周中主要做的事——购入艾尔建股票，就显示出潘兴正按照所得到的信息行动。

诉讼称："艾尔建的股东和市场都没有注意阿克曼的秘密采购计划，也没有注意威朗要进行招标了。那些在这个阶段出售的人，即便是久经世故的投资者，也会在消息闭塞的情况下以不公平的价格出售，然而阿克曼却因为提前获得有关预期投标报价很舒服地有所收益了。"

艾尔建董事会希望证券与交易委员会将在某个时刻介入，调查威朗和潘兴前所未有的关系。但是感知到即便监管机构有所行动也已经太晚了，艾尔建反而决定自己开启法律程序。因为艾尔建要找到威朗交易的替代者，所以发起诉讼将会为其争取一些时间。同时，它还在潘兴和威朗准备为自己辩护时将它们缠住。

虽然艾尔建的策略有效地缠住了潘兴和威朗，但是在艾尔建股东中这些策略并不受欢迎。ISS 和格拉斯·刘易斯（最有影响力的代理顾问）受潘兴与威朗支持试图召开特殊会议，它们都批评艾尔建偏好董事会甚于股东的管理结构。与此同时，Innisfree M&A 公司并购部主管和艾尔建代理推销员阿瑟·克罗泽称在这个时候，他和艾尔建的一些股东进行了谈话，这些股东曾表示自己对董事会是否能找到其他更好的交易没有兴趣。他们说他们自己对威朗和潘兴为召开特殊会议做出的努力表示赞赏，如果要投票的话，他们会投票反对董事会，因为召开会议的过程太艰难。

派奥特也被艾尔建一些最大的股东游说。然而，他们推动威朗自己进行并购。艾尔建在资产负债表上有 140 亿美元的现金，如果花大部分资产为交易提供资金，将有效地打击威朗的收购能力。

就在这时，艾尔建的董事都开始接到多年不联系的前同事、伙伴和老朋友的电话。每次打来电话的人台词都差不多，他们会问这个董事是否能试着鼓励董事会其他成员考虑与威朗商讨交易。艾尔建的董事认为他们是在受到未来并购者的鼓吹。

8 月末，潘兴表示已经设法得到手中握有 31% 艾尔建股票的投资者的支持以召开特殊会议，这要远超艾尔建规定的 25%。艾尔建现在别无选择只能召开会议,将日期定在了 12 月 18 日。然而,艾尔建还宣布将会寻求法院禁令禁止比尔·阿克曼、潘兴和威朗在会上投票。到这时,艾尔建已经用光了自己所有的选择,无法摆脱不屈不挠的追逐者了。

寻找救星

得到召开特殊会议的批准并没有安抚比尔·阿克曼。要说影响的话,这反而刺激了他。在 9 月早些时候写给艾尔建董事会的信中,他说:"艾尔建在美国企业运营历史上对股东最不友好而恶意防御做得最好。艾尔建这样做浪费了企业资源,破坏了与股东的关系,还损害了股东价值。"他说 3/4 的股东在威朗进行最初报价后,出售自己部分或者全部的股票,这说明他们对股价很满意,认为没有比威朗的收购股价再高的了。他呼吁"一小组董事"能够反抗首席执行官和董事长大卫·派奥特,并推动整个董事会讨论与威朗进行交易。

潘兴和威朗的游说努力有了回报,似乎越来越多的人支持他们的事业。如果派奥特不想看到自己的公司落入迈克尔·皮尔逊和比尔·阿克曼的手中,他需要用一些极端的手段以确保会议不能进行。

派奥特加紧推进另一个交易方案。当年早些时候,艾尔建收到了来自另一家大型制药公司的试探接触。2014 年夏天,派奥特与阿特维斯首席执行官布伦特·桑德斯进行了对话,为艾尔建董事会找到了接续的方法。虽然阿特维斯也是负债并购的公司,但是比起威朗,艾尔建更喜欢阿特维斯的经营模式,因为阿特维斯更致力于研发投资。然而这场交易可能会包括阿特维斯的股票,艾尔建董事会决定在晚些时候再次讨论他们的方案。

与此同时,艾尔建将注意力转到收购制造肠胃药的专家萨利克斯上。艾尔建董事会已经权衡与萨利克斯的交易近 18 个月。通过收购价值约 100 亿美元的萨利克斯,艾尔建可以壮大自己,让威朗难以收购。此外,它还能用光非常吸引威朗的资产负债表上的现金。当阿克曼听到有关艾尔建和萨利克斯进行交谈的报告时，他给艾尔建董事会写了另一封信。这次他说如果董事会不寻求股东支持，也不与威朗进行对话继续进行交易的话，潘兴将会起诉董事违反信托责任。

感觉到收购艾尔建的交易可能要落空，皮尔逊和阿克曼考虑增加赌注。10月上旬一个星期日的早上，两人在纽约外的一个企业私人机场——泰特波罗会面。他们讨论是否有任何可能可以阻止艾尔建收购萨利克斯。近期艾尔建关于威朗报价的一个声明，让他们相信艾尔建董事会将接受更高的报价。他们考虑将报价提高到每股191美元，艾尔建的价值将达到568亿美元。但是皮尔逊想要将最新的报价拖延到月末威朗季度业绩出来之后。他希望强劲的业绩能够抬高威朗股价，这因此意味着在股权和现金报价中只需要更少的现金。

10月27日，皮尔逊给艾尔建股东写了一封信，称威朗和潘兴准备对艾尔建进行每股200美元的报价。艾尔建股东回应表示，虽然对提高的报价持开放态度，但是他们感觉最近的这个举动更多的是为了转移投资者对艾尔建第三季度业绩的注意力。虽然这个报价要比威朗原来的报价高了很多，但是在这中间的6个月内，艾尔建的股价也提高了很多。

随着特殊股东会议的临近，艾尔建仅剩下的阻止潘兴和威朗投票的法律手段受到了阻碍。处理艾尔建对抗两个收购者内部交易案件的法官在2014年11月3日宣布，虽然艾尔建提出了"重大问题"，但是他仍会允许潘兴和威朗在即将到来的会议上投票。到这时，大卫·派奥特决心要在12月18日的会议之前强推另外的交易。在公司被发现会计违规后，萨利克斯的交易化为泡影。派奥特需要寻找一个救星——可以收购艾尔建的友好公司，让其在面对威朗和潘兴的推进时不再脆弱。艾尔建回去找之前的投标者阿特维斯，看看能否做成交易。

当阿克曼得知艾尔建和阿特维斯推进它们的对话时，他给艾尔建董事会写信要求其在阿特维斯和威朗之间进行竞拍，以获得最高的价格。他仍相信因为两家公司的交集，威朗可以为艾尔建的股东提供更好的交易。

但是在 11 月 16 日，艾尔建宣布已经接受阿特维斯的报价。这次股份和现金交易使艾尔建的股票价格达到每股 219 美元——采纳这个价格的目的是要高于任何威朗可以提供的报价，从而扼杀皮尔逊的兴趣。这个计划奏效了。一个小时后，威朗发布声明，皮尔逊称威朗不能提供这个报价，将不再对艾尔建有兴趣。阿特维斯的报价使艾尔建价值 660 亿美元。在交易于 2015 年 3 月完成时，其价值达到 705 亿美元，比 11 个月前威朗最初的竞标要高出 200 亿美元。

派奥特极力避免自己创建的公司被出售给威朗，这家公司负债并购的模式是其不愿意接受的。威朗提议大规模削减对于艾尔建的研发投入，削减幅度可能高达 95%。然而，阿特维斯的交易意味着虽然也会对研发投入略加减少，但只会减少约 1/3。因为阿特维斯总部在爱尔兰，联合公司的税率将只有 16%，这意味着每年将会为艾尔建省下 4 亿美元。

在威朗和潘兴的追逐战中，艾尔建董事进行了 41 次会面——许多会议是在周末召开的。虽然大多数会议是以电话会议的形式进行的，但是总是要持续两三个小时。因为大多数董事会成员都有自己的全职工作，所以这意味着通常会有在进行商务旅行的董事在任何时间从不同的大洲打进电话来。

与阿特维斯的交易意味着派奥特不再是公司的首席执行官和董事长，但是他与威朗和潘兴长达 8 个月的战争得到了补偿。他拒绝加入新公司的董事会。公司后来被重命名为艾尔建 PLC。他在这场交易中赚得 5.34 亿美元，其中 8900 万美元是对他离职的补偿，即所谓的黄金降落伞（高额离职补偿）。他在交易完成当天就将自己的股票和期权转换成了现金。

但是对于威朗和迈克尔·皮尔逊来说，这个结果是非常令人失望的。迈克尔·皮尔逊想要通过一场大型并购快速壮大威朗，但是结果是花了大半年时间追逐了一场没有发生的交易。因为艾尔建股价上涨所得到的大部分利润都给了潘兴，他做生意方面的名誉也遭到了破坏。迈克尔·加拉格尔称："我想皮尔逊和威朗最开始认为他们会赢，因为他们有阿克曼。他们身后还有一些投资者，这些人非常喜欢他们以往的做事风格，但是他们小看了艾尔建董事会和管理团队。这次失败对于他们来说绝对是非常震惊的。"

在潘兴和威朗新兴伙伴关系的细节最初浮出水面后，许多人怀疑这样的结构——激进主义者和恶意收购者合作收购竞争公司是否能变得流行。但是威朗的结果证明，未来将很难说服另一个投标者与激进主义者再次达成协约。

虽然梅森·墨菲特在春天离开了威朗董事会，但是 ValueAct 依旧在这家制药公司进行投资。墨菲特从旁观者的角度仍旧对于这些事件的发生感到忧虑不安，他怀疑以后会有很多公司急于与激进主义者建立类似的伙伴关系。他说："威朗究竟得到了什么？因为反攻股价下跌，浪费了大量时间，损害了名誉，浪费了精力并且要给提供服务的人支付一大笔费用。"

在接下来的一次打击中，威朗和潘兴面临一次集体诉讼案件，两个大型退休金计划——700 亿美元的俄亥俄州教师退休体系和 270 亿美元的艾奥瓦州公务人员退休体系在 2015 年 11 月说服加利福尼亚法官听取对这两家公司内部交易的指控。这起诉讼代表那些在潘兴和威朗宣布投标艾尔建之前，卖出艾尔建股票的投资者。

对于比尔·阿克曼来说，错失掌控艾尔建机会的失望因为潘兴在其公司的投资收益得到缓和。当潘兴在 2014 年春天开始购入艾尔建股票时，交易价格是每股 120 美元。在阿特维斯 - 艾尔建宣言后几天，潘兴以每股 210 ~ 213 美元的价格出售了股票。这意味着，过去的 9 个月潘兴赚了将近 25 亿美元，根据其与威朗的合约，其中 15% 来自威朗。这场战争的重点在于激进主义者的胜利不一定总是通过董事会席位来衡量。

> 这场战争的重点在于激进主义者的胜利不一定总是通过董事会席位来衡量。

| 第6章 |

杜邦得不偿失的胜利

化学反应

柯爱伦开始出现在电视荧屏上,这样的电视采访是首席执行官永远不希望看到的。安德鲁·罗斯·索尔金是商务新闻美国全国广播公司财经频道的主持人,正与特里安基金管理公司首席执行官纳尔逊·佩尔茨进行交谈——佩尔茨是最成功的也是最令人生畏的激进投资者之一。一开始,索尔金便向佩尔茨询问确认美国全国广播公司财经频道所得到的关于特里安已经在杜邦累积股票的信息是否属实(杜邦是柯爱伦运营的美国最大的化学公司)。佩尔茨对这一质疑并没有进行评论,但是通过其拒绝回答,暗示就已经很明显了:作为首席执行官和董事长,柯爱伦以及她的董事今后的日子将会变得不怎么好过。

事实上,在2013年7月中旬特里安已经买入杜邦股票三个月了。该对冲基金最开始在公司投资了3.45亿美元,占其不到1%的股份,但是在接下来的几个月内,它将这个数字翻了一倍。

佩尔茨在2005年合作创办了特里安,自此公司成为最有名的激进对冲基金之一。特里安在美国一些最有名的公司进行投资并推动变革，包括百事公司、英格索兰公司、卡夫食品公司、亿滋和Wendy's公司。柯爱伦唯一的慰藉就是在特里安参与的所有案例中，她只进行过一次代理权战争，就是在2006年对抗亨氏食品公司时。但是令她感到有些不安的是特里安在那场战争中得到了两个董事会席位，其中一个给了佩尔茨自己。柯爱伦并不热衷于检查特里安所有的记录。

佩尔茨和他的长期商业伙伴皮特·梅曾在20世纪80年代时以企业掠夺者出名，但是这两个人重新为自己创造了新的名字，他们自称为"结构激进主义者"，更喜欢和公司合作而不是进行对抗。实际上，在特里安团队参与的一些董事会中，他们确实在最后帮助公司防御来自其他激进主义者的进攻。

因此，柯爱伦最初的反应是试图与特里安建立融洽的关系。佩尔茨出现在美国全国广播公司财经频道后一周，柯爱伦带着她的首席财务官尼克·范南达奇斯与特里安的三个代表——该对冲基金的首席投资官爱德·加登、公司的合作伙伴也是纳尔逊的儿子马修·佩尔茨和另一个合伙人布赖恩·雅各比见面。在这次会议上，双方都非常诚恳，但是很快就十分明显地显露出特里安对杜邦有个大计划。在曼哈顿酒店会议室召开的两个小时的会议中，加登讨论了和特里安一起提出的计划，其中包括将杜邦剥离成四个部分。柯爱伦和范南达奇斯将时间主要都用来听加登的介绍和争论了——对于这些争论，他们很快就非常熟悉了。

化学分离

杜邦的历史可以追溯到1802年，两年前（1800年）埃勒泰尔·伊雷内·杜邦为了躲避法国大革命逃到美国，在特拉华州威尔明顿市附近开办火药生产企业。在接下来的两个世纪中，杜邦的继任者在美国商业和政治领域具有举足轻重的地位，而杜邦公司也成为全球最大、最有影响力的化学公司之一。

整个20世纪,杜邦公司制造的几种合成材料成为全世界几十亿人每天在用的产品,包括尼龙、特氟龙和莱卡布。

到2013年,公司在多个不同领域中进行运营,并面临压力出售其增长较缓的业务部门。自从2009年柯爱伦成为首席执行官,杜邦试图将注意力从生产传统商品转向更有利润的产业上,更关注全球逐渐增加的人口的需求。2012年,杜邦将一家涂料厂卖给了私人股权公司凯雷投资集团,这是一家主要生产车漆的部门。柯爱伦试图将杜邦从其依赖的原始化学产业转型为某些领域中的专家,比如农业、生物材料、节能建筑材料和太阳能电池板。

柯爱伦已经在杜邦工作近30年,她因为工程师的背景以及商业分析头脑深受投资者喜爱。但是因为公司的收益预测降低,她作为首席执行官的业绩开始变差。

柯爱伦最初与特里安的会议让她信服这家对冲基金是很认真的。杜邦是美国最大的公司之一,之前没有哪家规模如此大的公司曾经陷入代理权战争,但是纳尔逊·佩尔茨也因从不打退堂鼓而知名。杜邦董事会开始意识到它将做出选择,或者屈服于特里安的要求,或者准备进行大型的代理权战争。

> 之前没有哪家规模如此大的公司曾经陷入代理权战争。

在接下来的2013年夏天,董事会雇用了高盛集团和艾弗考尔合伙人(Evercore Partners)公司作为金融顾问,帮助其防御潜在的战争。杜邦还雇用了CamberView Partners公司,这是一家专门帮助公司在机构投资者中赢得支持的咨询公司。董事会增加了与最大投资者的对话,尤其是要负责做代理权投票决定的公司治理专家。柯爱伦做出了首席执行官少有的举动,她本人花了很多时间与股东进行沟通。杜邦想要理解他们的担忧,并在潜在代理权战争发生之前和他们建立同盟关系。

与此同时,杜邦继续与特里安进行交流。在柯爱伦首次与特里安在纽约会面数月后,爱德·加登会见了杜邦的金融顾问艾弗考尔和高盛。在2013年9

月 18 日的会议上,加登担心顾问会对特里安的提议提出太多基础问题,因为他们没有时间对这些问题进行充分研究。

加登开始感到失望,杜邦并没有足够认真地考虑特里安的利益,而且如果该对冲基金有机会促成提议,它将需要提高股份。10 月 15 日,加登给柯爱伦打电话,告诉杜邦首席执行官她有三个选择:她同意特里安的提议将公司剥离成四个部分;给激进主义者一个董事席位;如果这两个选择她都不同意,那么她将面临代理权战争。柯爱伦表示她将向其他董事会介绍特里安的计划。

柯爱伦现在的计划是让特里安支配公司的命运,或者想出自己的计划。

备选方案

当年早些时候,在特里安的投资计划被众所周知的前几周,杜邦宣布考虑对其专门化学部门进行"策略选择"。2013 年 10 月 24 日,柯爱伦揭露杜邦的计划是要将化学部门剥离成一家新的公开交易公司,公司将属于杜邦董事会。新公司将专注于做颜料(将会使油漆、塑料和纸变白)、制冷剂和其他化学品,比如不沾涂料和用于制作防弹衣的材料凯夫拉。化学部门的利润不足前一年杜邦 63 亿美元运营利润的 1/3。柯爱伦称剥离将会在 2015 年中旬完成。

10 月 25 日,柯爱伦给加登打电话告诉他董事会已经考虑了他将公司剥离成四部分的计划,但是董事会拒绝了这个计划,他们还决定反对接受特里安候选人加入董事会。剥离化学部门的计划让杜邦为那些想要看到更谨慎的公司人员变动的股东提供了答案,同时还弱化了特里安的攻势。

但是特里安不会轻易地退缩。一周后,柯爱伦接到了来自杜邦一位最大投资者加利福尼亚州教师退休系统相关人员的电话。这个美国第二大的公共退休基金也是特里安的一个重要支持者,和其管理团队关系也很亲密。加利福尼亚州教师退休系统很想确保杜邦和特里安可以调和它们的分歧,于是要求柯爱伦可以再见特里安相关人员一次,看看他们是否能找到一些共同之处。

这不是加利福尼亚州教师退休系统第一次进行干预了。在特里安投资杜邦的事众所周知之前，两个退休基金代表——企业管理部门主管安妮·希恩和企业管理资产组合经理安沙·马斯塔尼参加了柯爱伦和特里安的会议，参加会议的人员还包括杜邦首席董事桑迪·卡特勒。加利福尼亚州教师退休系统当时担忧杜邦的表现，并怀疑董事会没有做出足够多的努力让柯爱伦和她的管理团队负起责任。

马斯塔尼回忆时称："我们想要参与会议是因为我们想要表明我们对特里安的支持。但是我们也想从杜邦手中得到第一手资料，尤其是桑迪·卡库特勒对特里安的提议和理论有什么想法。"

加利福尼亚州教师退休基金和特里安这几年建立了亲密的关系，退休基金支持特里安对抗亨氏和英格索兰的运动。在这两场运动中，特里安成功地得到了董事会席位，后来推动公司重组了一些产业。这些对于杜邦来说都是不吉利的预兆。

在加利福尼亚州教师退休系统的推动下，在杜邦的律师方——世达律师事务所位于华盛顿特区的办公室召开了一次会议。2013年12月10日，柯爱伦、卡特勒与特里安的爱德·加登进行了会面。自从柯爱伦告诉加登董事会拒绝特里安将公司剥离成四个部分的提议并拒绝为其提供董事会席位后，双方就没有进行过对话。但是杜邦代表给加登带来了新消息，他们相信这些会被接受。柯爱伦和卡特勒讨论了剥离化学部门产业决定背后的原因，并对他们发现的可以节省开销的领域进行了解释。他们告诉加登他们准备宣布一个大型股票回购计划，并认为这足以让加登感到开心。

但是加登并没有被争取过来。他说特里安改变了对杜邦的评估，现在想要看它分成三个而不是四个部分了。特里安新的计划是将公司剥离成以下三个部分：第一部分专注于农业和营养的产业；第二部分专注于工业材料；第三部分则是特殊化学产业。加登说杜邦主要的问题是其现有的公司结构，这个结构价格高昂,还会影响潜在产业的盈利能力。

柯爱伦和卡特勒大吃一惊。他们以为自己回购大量股票的消息足以安抚加登,但是现在,他说只有杜邦对公司结构做出重大改变才能感到满足。他们也不同意特里安最近的预言,认为公司最近几年没能完成目标的原因涉及一些行业周期性问题。

会议快要结束时,很明显双方都不准备让步。卡特勒告诉加登董事会继续尽力确保管理团队能够达到自己的目标,如果不能的话,特里安需要对此负责。到目前为止,尽管有许多怀疑的声音,特里安还没有公开说过自己对杜邦的投资,但是加登表示不会再保持沉默。他说如果杜邦运营良好的话,特里安很愿意公开表示赞赏,但是如果做不到,董事会应该准备接受特里安的公开批评,一场不简单的休战达成。

暴风雨前的平静

2014年1月末,杜邦宣布董事会已经批准了一个50亿美元的股票回购计划,其中20亿美元计划用于在2014年进行回购,其他的将会在之后使用。整个上半年,杜邦和特里安都没有联络。事实上,爱德·加登甚至在5月的投资法人协会会议上赞赏了柯爱伦在杜邦进行的管理工作。他告诉代表:"柯爱伦基本上是杜邦内部让运营状况达到最佳的激进主义者,她分离了涂料产业,分离了她回购50亿美元股票的化学产业的性能。"

但是这个脆弱的协议不会保持不变。6月,杜邦宣布了其令人失望的第二季度业绩,比预期的运营收益要低。结果,其全年运营收益前景从每股4.1美元降至每股4美元。这个消息宣布后股价降了将近3%。

正如爱德·加登6个月前警告的那样,特里安准备对这个坏消息进行突袭。在几天后与柯爱伦、首席财务官尼克·范南达奇斯和首席董事桑迪·卡特勒的一次通话中,加登再次表达了自己早前的警告:如果他们不执行特里安将公司剥离成三个部分或者给加登一个董事会席位的计划，他们将会面临一场代理权战争。

整个夏天，加登一直催促卡特勒提供一个董事会席位。每次卡特勒的回应都是董事会一致拒绝和解提议。于是特里安决定执行其威胁计划，将这件事公之于众。2014年9月16日，该对冲基金给杜邦董事会写了一封信，同时将信件公布。在信中，特里安揭露了与柯爱伦和卡特勒的分歧。虽然表扬了杜邦的回购和化学产业分离决定，但是它说这些步骤远远不够。特里安批评杜邦现有的公司结构，认为这种结构为公司增加了40亿美元不必要的开销。这其中包括维持三项杜邦非核心资产：一家有着18洞高尔夫球场和25个网球场的乡村俱乐部；在威尔明顿市区有历史意义的12层杜邦酒店；在威尔明顿市有130年历史的杜邦剧院。特里安称，这三者都是杜邦这样的大公司为了吸引和留下经理建立的休闲设施。

这封信还提倡将杜邦剥离成三个部分，并废除现有的公司结构。它认为现有的安排过于头重脚轻，缺乏管理的责任，资本使用效率低，具有太多复杂性，并且有着多种产业链的公司对于股东来说看起来并没有其各部分加一起的总和价值高。它还详细阐述了自从杜邦在2012年出售涂料产业后，其运营是如何成功，并认为如果剥离其他部门的话，它们也能做得一样好。特里安称，这样的措施可以让杜邦的股票价值在三年内翻一番。

在媒体挖出了特里安对杜邦有很大兴趣的故事的时候，双方局势很紧张——纳尔逊·佩尔茨决定在这场战争中占据主要的地位。接下来的一个月，特里安的首席执行官与桑迪·卡特勒通话，与杜邦进行了首次直接接触。特里安不再只对一个董事席位感兴趣，该对冲基金现在想要两个席位：一个给自己，另一个给将由它选出的行业高管。尽管杜邦竭力避免，但是一场代理权战争似乎即将到来。

两周后，佩尔茨在午饭时首次会见了柯爱伦。这顿午饭大体来讲吃得很客气，但是快要结束的时候，佩尔茨警告柯爱伦如果要进行代理权战争，对她和她的董事伙伴都将是一次非常不舒服的体验。与其他的代理权战争一样，将会对个人的专业和背景进行非常严格的审核。但是鉴于杜邦的规模和特里安的名誉，如果双方摆好架势，审核将会格外具有入侵性。他接着问柯爱伦，如果不想进行代理权战争，她个人是否会支持他和爱德·加登得到董事席位。柯爱伦还有一条出路，所以她不愿意接受这个方法。

12月，杜邦宣布这家由剥离出的化学部门成立的新公司名为Chemours。它还宣布将会搬出有历史意义的威尔明顿市区总部（那里作为其老家已有100年的时间），并将其管理人员带到郊区的园区。面对特里安对其高层管理人员浪费的指控，不久后，杜邦宣布出售其有130年历史的剧院。

自从特里安9月给杜邦董事会写了公开信后，这家对冲基金就在吸引其他杜邦投资者，试图评估自己能从更广的股东基础那里得到多少支持。从几个大型投资者包括加利福尼亚州退休教师基金那里得到积极的反馈后，特里安认为这是一次很好的机会，利用这些支持推动想要的改革。双方都忙着在这家有史以来最大的目标公司为代理权战争做准备。

> 双方都忙着在这家有史以来最大的目标公司为代理权战争做准备。

战线分明

2015年1月8日，特里安开始了其一直威胁要进行的代理权战争，宣布将推荐4个董事候选人进入杜邦董事会，在当年春天要进行的股东大会上进行投票。纳尔逊·佩尔茨自己就是候选名单上的一个董事，同样是候选人的还有化学行业的老手罗伯特·扎塔。佩尔茨刚刚从他另一个目标资产管理公司美盛集团的董事会辞职，他的一个前董事同事约翰·迈尔斯也在特里安的名单之列。最后一个候选人是阿瑟·温克布莱克，他是亨氏集团的前首席财务官（亨氏集团是之前特里安的另一个目标）。候选名单的精心选择表现出特里安和佩尔茨有与目标公司董事会以及管理团队紧密合作的历史。

到目前为止，特里安已经在杜邦积累了 2.7% 的股票，并且是第五大股东，它将继续推动把公司分离成三个部分的计划。然而，从其公布的候选人名单可以看出，很明显它不想要股东对产业结构进行公投，而是对公司表现和当前董事会承担管理责任的能力进行公投。

杜邦通过强调公司在其董事会和管理团队领导下的表现进行回应。自从柯爱伦成为首席执行官和董事长的 6 年来，总股东投资回报率——股价波动和分红的结合上升了 266%，同时公司为股东返还了 130 亿美元。与之相比，标准普尔 500 指数的公司平均回报率是 159%，而杜邦的同期公司平均回报率是 133%。杜邦重申已经处于剥离其特殊化学产业的过程中，并已经在公司内确认每年可以节省 10 亿美元。

公司在一份声明中表示："特里安除了做出的数不清的建设性努力，包括与我们的首席执行官、首席财务官和首席独立董事通话见面以外，它选择的这条道路可能对我们公司在关键阶段的计划的执行造成破坏。"然而，公司补充说将会重新审核特里安的候选人，评估他们的加入是否符合股东的最佳利益。杜邦告诉特里安董事会的公司治理委员会愿意审查激进主义者的候选人，但是不会考虑佩尔茨。

杜邦有一个规定就是董事的年龄不能超过 72 岁。碰巧的是佩尔茨 72 岁，根据公司规定，即便他得到了董事席位，在位时间也将不超过 1 年。但是这不是杜邦董事会如此抗拒他加入的唯一原因。在击退了爱德·加登不断地谋求董事席位的请求后，柯爱伦和其他杜邦董事认为任何直接受特里安雇用的人都将对公司采取"跟踪管理"，让对冲基金对公司掌控过多，扰乱已经进行的扭转计划。

在接下来的一周里，特里安向杜邦股东提供了其代理材料。材料中说明了特里安认为的公司运营不良的观点，并且用一系列不同的公司作为杜邦的同期对比对象。和其他公司相比，特里安称杜邦事实上确实在商业周期内的近10年甚至20年内，从总股东回报率看，运营不良。它还说同期相比杜邦每股收益表现确实不如其他公司，杜邦不同的生产线与该领域竞争者相比利润率要少。

杜邦回应表示，特里安误传了其与其他公司对比的表现，因为它选择的公司并不合适。杜邦称特里安武断地选择了对比时间，这些时间的数据都能够帮助特里安证实自己的观点（尤其是特里安运用的大部分时间参数都在它宣布杜邦剥离计划之前左右结束）。自此，主要因为特里安的介入，杜邦股价上升了15%。然而，杜邦认为股价上升也要归功于公司宣布了自己的计划。

杜邦的提议

快到2015年1月底时，柯爱伦和玛丽莲·休森（董事及公司治理委员会成员）会见了三位候选人，但是不包括纳尔逊·佩尔茨。首席董事桑迪·卡特勒通过视频会议参与了此次会面。休森和卡特勒还在单独会议上与佩尔茨进行了对话，佩尔茨被告知委员会其他成员在旅行，不能和他们一起开会。

但是杜邦董事会也与其他潜在董事进行了会面。2月4日，柯爱伦和卡特勒前往芝加哥在奥黑尔国际机场的商务套房里与佩尔茨进行了会面。他们想出了一个有足够理由相信佩尔茨会接受的提议，他们相信这场会面将会解除特里安的武装并结束代理权战争。他们告诉佩尔茨，在对特里安的候选人进行审查后，他们愿意考虑让其中一个人成为额外的董事人选，但是作为交换特里安需要撤出所有的候选人并支持杜邦的人选。然而问题在于这个人不是佩尔茨。

他们还告诉佩尔茨两个现任董事将会离开董事会，在新剥离出来的化学品公司Chemours董事会任职。公司治理委员会已经为空位找到了两名候选人，其中包括詹姆斯·加洛格利，他最近刚从跨国化学品公司利安德巴塞尔公司辞去首席执行官和董事长的职位。前一年加洛格利曾和佩尔茨讨论过加入特里安候选名单的事，因此柯爱伦和卡特勒希望他作为杜邦候选人的加入能够让佩尔茨接受他们的想法。但是佩尔茨毫不在乎——除非他本人得到董事会席位，否则交易就无法达成。这次会议持续了 20 分钟。

没有达成协议，第二天杜邦宣布加洛格利和安全系统公司泰科董事长、前首席执行官爱德华·布林将加入董事会代替要离职的成员。布林是佩尔茨在创建他的异端者名单时考虑的另一个人。布林大多数在泰科的时间都用来剥离公司，为股东带来利润。通过引入一位受人敬仰的化学行业高管和一位重组方面的专家，杜邦试图展示自己不需要佩尔茨或者他的候选人出现在董事会会议室，推动公司需要的改革。

特里安发布声明表示欢迎这次委任决定，认为这是自从特里安在杜邦投资以来另一个积极的行动。但是特里安补充称将会继续争取董事会代表权，因为它相信公司还可以采取其他的方法。

但是在事情看似朝着有利于杜邦和柯爱伦的方向发展时，他们的计划受到了冲击。杜邦股东开始质疑柯爱伦前一年 9 月大量出售的股票。柯爱伦出售了大约 50 万股公司的个人持股，价值为 3750 万美元。这次出售就发生在特里安宣布将杜邦剥离成三部分之后，股价上涨至 15 年来最高——超过 70 美元。销售使用了所谓的 10b5-1 计划，该计划允许大股东在未来特定日期或者当股价涨到一定程度时出售股票。这些触发机制通常由高管使用，允许他们通过股价上涨受益，但是他们不能打破规则利用内部信息出售股票。

杜邦发布声明回应称，股票出售是因为 70 美元的触发机制——这是预设的，而柯爱伦个人持股仍旧要比董事会要求的高 4 倍。公司表示没有规定要求柯爱伦避免触发这些机制。但是有一些投资者，包括特里安和纽伯格伯曼资产管理公司称，设定 70 美元的触发机制说明柯爱伦不相信股价可以更高，以这个价格出售股票说明她对杜邦未来没有信心。

特里安发表了代理权声明和相关改革的白皮书，希望杜邦能在 2 月 11 日进行这些改革，同时它还推出了一个名为 DuPontCanBeGreat.com（杜邦能做得更好）的网站。特里安尤其关注柯爱伦的股票销售。它指出，自从特里安首次向杜邦投资，柯爱伦已经出售了 54% 她在公司的个人持股。代理权声明质疑："首席执行官出售股票是否暴露出她对自己为公司制订的计划并不自信？"

在接下来的一周里，杜邦向股东致信并通过演示的方式进行了回应，否认了许多特里安的主张。到目前为止，双方都着重忙于招揽公司 40 个左右最大投资者的支持。柯爱伦和佩尔茨花很多时间在美国各地奔走，与杜邦最大的股东会面。有一次他们在巴尔的摩一家资产管理公司的大厅偶然遇见对方。双方尴尬地握了一下手，然后走开了。看起来投资者对在股东投票上支持哪一方意见非常不一。这逐渐发展成了当年最大、局势最紧张的代理权战争。

权衡得失

随着代理权战争的不断推进，有些投资者开始担忧这将会花太多钱，对双方都有损害。一个这样的基金管理人——富达投资，拥有 2.5% 的杜邦股票，是公司第六大投资者。它在 2015 年 3 月 11 日给特里安打了电话，催促这位激进主义者与杜邦保持和平，避免破坏性的战争发生。

> 有些投资者开始担忧这将会花太多钱，对双方都有损害。

纳尔逊·佩尔茨听从了这个警告，他知道自己在代理权战争中最不想做的事就是招致不必要的麻烦。如果杜邦股东不认为他发动代理权战争的结果与其所导致的开销相比有所值，实际上还会对公司造成损害的话，他们就不会为他的候选人投票了。当晚他给柯爱伦和首席董事桑迪·卡特勒致电。卡特勒称董事会接受一个特里安候选人的提议仍旧成立，只要这个人不是佩尔茨。但是佩尔茨有另外的提议：如果杜邦接受他和他其他的候选人进入董事会，他就放弃代理权战争；董事会成员还要加上其他董事，这意味着没有人会丢掉席位。

他还要求特里安候选名单上的另外两个候选人要享有 Chemours 董事会席位，新的公司要对其管理政策进行改变让它们变得对股东更为友好。

卡特勒称他将会把这一提议带到董事会上。两天后，柯爱伦和卡特勒给佩尔茨写了一封信，称董事会一致投票反对他的新提议。代理权战争又恢复了。

杜邦在3月末发动了自己的代理权战争。在给股东的信和演示文稿中，杜邦断言特里安的策略是很危险的，并有潜在破坏性。它说特里安弱化其提议内容是为了用自己的代理权材料分解公司，其计划的核心还是剥离杜邦。杜邦的代理权材料还补充说特里安将会为公司的资本构成增加过多债务，佩尔茨的计划"只不过是高风险的金融工程"。

股东大会定在2015年5月13日。双方和它们的代理推销员继续对杜邦最大的股东进行游说工作，而且局面逐渐明朗，双方都没有明显的优势，但它们将会战到最后。现在双方把注意力放在了杜邦600 000个持股的个人投资者身上，通常每个人手中持股不超过几千美元。这样的投资者在代理权战争中很大程度上会被忽视，因为他们很少投票，很难对公司产生影响。但是在杜邦他们的股票加一起占1/3，这要比其他公司高出很多。因为双方优势差距很小，在战争开始前最后几周双方都意识到这些个人将会成为胜负的决定因素。

整个春天双方都进行了大量的努力以说服这些投资者自己的计划对公司长期发展是最好的——许多投资者是杜邦的雇员或者他们的亲属，因此都集中在威明顿市。双方都在代理权征集上投资了很多。在典型的大型代理权战争中，每一方雇用的代理权推销员大概有50人。但是在这次代理权战争中，为杜邦服务的 Innisfree M&A 公司有200人给个体股东打电话，执行公司相关任务。同时，为特里安工作的麦肯齐合伙人（MacKenzie Partners）雇用了175人。当杜邦用7封柯爱伦签字的不同的信轰炸股东时，特里安自己也发了5封信。

双方还在广告商那里花了很多钱。杜邦推出了一个名为 DuPontDelivers.com（杜邦传送）的网站以应对特里安的 DuPontCanBeGreat.com 网站。特里安还为搜索引擎的线上广告和在业余选股人中很流行的网上论坛付了很多钱。除此之外，双方都采用了传统的广告方式，在报纸上购买版块推广。主要在威尔明顿市出版的《新闻时报》(*News Journal*) 在这场争夺战中做得尤其好。特里安的广告主要针对柯爱伦个人出售股票，而杜邦的广告主要强调公司对未来增长的承诺。在代理权战争的最后几天，特里安特别在专业投资者很喜欢的刊物上做了广告，比如《华尔街日报》和《巴伦周刊》。

最后一击

但是双方也继续吸引杜邦最大的机构股东。2015 年 4 月末，就在股东大会召开三周前，特里安为华尔街 120 名分析师和投资者在曼哈顿的圣·瑞吉斯饭店举办了午餐时间演示说明会。当与会者用餐时，佩尔茨和其他三个持异议的候选人谈论了他们为杜邦精心准备的计划，并向听众询问问题。佩尔茨告诉听众："我想我们已经对杜邦有积极的影响了，我们认为他们对特里安主动出击，这无所谓。如果他们的表现是行业最佳的话，他们对我们主动出击也无所谓。但是事实并不是这样的，这就是问题所在，也就是说问题在于他们的表现。不要受其他没有意义的问题阻拦，这家公司并没有好好表现，我们为此准备了计划。"

几天后，特里安的坚持似乎有了回报，它收到了有影响力的代理顾问 ISS 的支持。该公司提出建议：现在迫切需要解决的问题在于在董事会进行一些变动。它还支持特里安有关公司改善利润和利润率的观点。但是它很快就停止了对特里安全部候选人的支持，反而表示股东应该只选择佩尔茨和约翰·迈尔斯。它还反对特里安有关杜邦管理不良的分析，认为公司不应该像特里安要求的那样分裂开。

ISS全球调研部副部长克里斯·瑟内奇称代理顾问支持特里安的主要原因在于相信它的指控,杜邦的管理团队没有让董事会完全知情。特里安声称董事会缺少足够细致的关于公司运营状况和未来走向的信息。ISS认为如果纳尔逊·佩尔茨得到了董事席位,他将通过自己在特里安的专门小组得到细致的分析。瑟内奇称:"特里安高管的出现可以让他们签订保密协议,之后就可以自己组织分析师对数据进行分析。公司称其为跟踪管理。但是事实上这就是挖掘信息,这在其他情况下坦白说可以很好地进行。"

第二天,另一个重要的代理顾问格拉斯·刘易斯也支持佩尔茨得到董事席位,虽然它不支持其他任何候选人。像ISS一样,格拉斯·刘易斯称杜邦将会因为有像佩尔茨这样在董事会会议室有经验、有想法的人而受益,虽然它也不认为剥离公司是正确的方式。第三大代理顾问伊根-琼斯表示支持所有四个特里安候选人。

格拉斯·刘易斯首席策略官罗伯特·麦考密克称代理顾问认为公司已经做了一些结构性改变来解决特里安提出的问题,但是他们是在对冲基金提出来之后才做这些改变的。他说:"有些步骤看起来更具有防御性,为了保证这些步骤能够继续进行,佩尔茨是进入董事会的最佳人选。加入新的董事能够增加董事会活力,确保至少关于新董事的问题能够得到讨论并进行到底。"

得到代理顾问的支持在佩尔茨为了自己得到董事会席位做出的所有努力中显得非常重要。但是杜邦不寻常的数量众多的个人投资者给了公司一个很大的优势,因为这些人往往可以为管理层投票。他们还很难受代理顾问的影响。因此,佩尔茨从代理顾问得到的支持对他得到资产管理者的支持来说更重要,因为这些人更愿意听从顾问的建议。

杜邦代理权战争中另一个重要的部分是退休基金。在整个特里安与杜邦的交战中,这位激进主义者一直受美国第二大公共退休计划加利福尼亚州教师退休系统的支持。该退休系统必然会支持特里安的候选人,正如其在代理权战争最后几天中做的那样。

加利福尼亚州教师退休系统公司治理主席安妮·希恩称："对柯爱伦最大的一个批评在于如果特里安进入董事会会议室，就将会形成跟踪管理，但是我们相信他们需要一些额外的监管，这些监管将会帮助特里安在内部获得代表权。我们强烈地感觉到特里安代表进入董事会带来的附加价值在长期看来对股东更有益处，因为我们不相信现任董事在思考这样的问题，也没有让柯爱伦为持续的运营不良和错失目标负责。"

但是最大的退休基金加利福尼亚州公务员退休系统基地，仅位于加利福尼亚州教师退休系统1英里⊖远的地方，却与其持相反意见，选择支持杜邦。

加利福尼亚州公务员退休基金全球管理部长安妮·辛普森称支持杜邦主要出于三个原因。首先，相信杜邦与同行和更广阔的市场相比确实表现得不错。特里安持反对意见，但是辛普森称该对冲基金特别选择使用的时间段让公司看起来表现不佳。加利福尼亚州公务员退休系统还认为柯爱伦已经展现出自己对公司长远的未来有可靠的计划，这要比特里安之前提出的削减研发过度投入的计划更值得信赖。

加利福尼亚州公务员退休系统还不信服特里安推荐的候选人。除了佩尔茨以外，候选人中没有一个人有化学产业的经验。辛普森回忆时称："我对纳尔逊说，'这个董事会有非常多的专家，在给公司带来转机和恢复活力上做得也很好。你的团队真的带来了什么？你们得到了听审的机会，似乎公司并没有打发你们。他们让你们参与讨论，也允许你们提出自己的想法。'"

虽然从大型代理公司和机构股东获得了不少个人的支持，但是对于佩尔茨来说，这还不够。就在5月13日股东大会召开前，佩尔茨在接受美国全国广播公司财经频道采访时承认了自己的失败。他说虽然他没能得到足够投票获得

⊖ 1英里=1.6093千米。——译者注

董事席位，但他对特里安展开的代理权战争感到骄傲，并将持续关注杜邦看其是否能成功大振 2015 年的收益预测。特里安的候选人没能得到三大指数基金管理公司先锋基金、贝莱德和道富银行的支持——这些公司都是杜邦排名前四的股东。特里安没能维持自己代理权战争全胜的记录。

对于杜邦和柯爱伦来说，这是 2015 年最知名的激进主义战争中一次著名的胜利。在前一年达登餐饮面对激进主义者的压力崩溃之后，杜邦成了一个标志，管理团队可以防御激进主义者的进攻。但是这场胜利对于杜邦来说代价高昂。整个运动过程（包括打印、邮寄股东信函和代理选票、广告与交通费用，更不用说雇用法律公司、金融顾问、专门防御激进主义者的人才、代理推销员和公关专家的费用）花费了杜邦 1500 万美元。特里安则花费了 800 万美元。

> 对于杜邦和柯爱伦来说，这是 2015 年最知名的激进主义战争中一次著名的胜利。

在股东大会接下来的几周中，当杜邦发布了投票记录后，人们发现佩尔茨离得到股东席位非常接近。他成功地得到了 46% 的支持，大多数来自主动型共同基金。假如他得到了贝莱德或者先锋基金的支持——两家主要被动型基金管理公司，票数将会对他有利。然而，这两家公司都反对特里安在它们眼中看似是短期的方法。

表现问题

纳尔逊·佩尔茨可能是第一次尝到了代理权战争失败的滋味，但是他并没有最终放弃在杜邦董事会得到席位。他在这上面花了大量的时间、努力和开销，因此他不能最终什么都得不到。特里安增加了在杜邦的投资，并于 2015 年整个夏天都在造势，表示考虑在 2016 年年度大会之前发动后续战争。

与此同时，柯爱伦可能赢得了代理权战争，但是现在她有了更令人生畏的任务，她需要确保自己提出的计划能够振兴杜邦。她非常清楚，如果自己的计划行不通，特里安就会再次推动董事席位的争夺，并能够有更好的借口说服股东支持它。在整个特里安的代理权战争中，该对冲基金一直批评杜邦没能达到其预期盈利。杜邦要避免再次犯这样的错误。

但是结果并不如柯爱伦所愿，在她取得著名的胜利不到 5 个月后，她就不再是首席执行官和董事长了。2015 年 10 月 5 日早上，特里安的爱德·加登接受美国全国广播公司财经频道采访时称："杜邦的故事远远没有结束。"就在几个小时后，杜邦将其年度预期盈利从每股 3.10 美元降至 2.75 美元，并宣布已经在公司任职 27 年的柯爱伦将会退休。

在宣布这些的前几天，柯爱伦和首席董事桑迪·卡特勒进行交谈，双方一致同意因为股价没有上涨的迹象——自年初以来下降了 1/3，柯爱伦 5 月胜利以来又下降了 1/4，以及会有更糟糕的结果要宣布，柯爱伦成了失望的投资者关注的焦点。分离出去的化学产业 Chemours 也身陷困境。到 10 月上旬，股价比 7 月交易的第一天下降了 64%，公司被迫削减股息。这是另一个打击柯爱伦名誉的标志。

杜邦董事会从自己的成员中选择一个人代替柯爱伦成为临时首席执行官。有迹象表明，这一举动部分是为了安抚特里安——董事会选择了泰科的前首席执行官爱德华·布林，佩尔茨曾考虑将其作为潜在的异见候选人。布林在泰科时曾见证了两次大型的公司解体，曾经庞大的公司被分成 6 个不同的部分。华尔街的分析师怀疑他被委任为临时首席执行官，是不是按照特里安预期的那样重组杜邦产业链的先兆。

布林接受委任后的几天，杜邦股价上涨了 18%，似乎股东对这一决定感到满意。布林还得到了特里安的支持，11 月上旬他得到了常任董事长和首席执行官的职位，这是杜邦 213 年历史上首个成为高管的外部人士。

柯爱伦 5 月对特里安的胜利，曾经看似对其他受激进主义者围攻的首席执行官而言是一次激励。在激进主义者取得许多重要的胜利后，这向人们展现出防御激进主义者的进攻可能是行得通的，即便做这些事的开销会很大。柯爱伦花了很多时间与杜邦最大的投资者建立重要联系，这个策略最终使得特里安没能在选举中赢得任何席位。但是几个月后，董事会担心在这些她曾经争取到的大股东中，有人开始失去耐心。

> 这向人们展现出防御激进主义者的进攻可能是行得通的，即便做这些事的开销会很大。

然而，杜邦一个最大的股东——加利福尼亚州公务员退休系统很失望看到柯爱伦离开。该系统全球管理部长安妮·辛普森表示："对于我来说（换掉柯爱伦）是很懦弱的行为。他们会得到一系列周期性结果，当然这会提高他们的收益。但是他们让自己失去了一个卓越的首席执行官，这是非常令人悲伤的。"

| 第三部分 | 解 决

BARBARIANS IN THE BOARDROOM

| 第 7 章 |

微软关键的"休战"决定

柔和的软件方法

杰弗里·乌本走上舞台,简单整理了一下笔记,向观众看去。位于市区的曼哈顿酒店会议室挤满了人。这是 2013 年 4 月对冲基金公司 ValueAct 的首席执行官正准备在主动 - 被动型投资者峰会——激进投资者、律师和顾问的年度聚会上做演讲。乌本利用的是午餐前的时间,大多数与会者都非常想喝点咖啡、吃点东西,但是乌本知道自己准备的演讲将会持续成为他们用餐时的话题。

接下来的 20 分钟,乌本告诉听众他的对冲基金在世界上最大的公司之一——微软投资了将近 20 亿美元,占其管理的资产规模的 1/5。乌本称这家软件巨头并不完全受投资者的喜爱,他们会将其与个人电脑联系起来。乌本告诉观众:"3~5 年,我们将不会再讨论电脑更新的问题,而是要让微软成为世界上最大的云计算公司。"因为这个消息,微软的股价上升了 3.6%,是一年多以来的最大涨幅。接下来的一周,其股价上涨了大约 10%。

虽然 ValueAct 高达 20 亿美元的投资非常可观，并使其成为微软最大的 20 个投资者之一，但它的控股仅占公司股票的 1%。许多分析师认为这一占比对于该对冲基金来说发动任何重要的代理权战争都太少了。

乌本是基于 ValueAct 的总裁梅森·墨菲特所写的报告做的演示文稿。他 6 个月来一直密切观察微软，并将自己的观点写进了季度报告中。几天前，这份报告被送到了该对冲基金投资者的手中。墨菲特相信微软正在投资者中遭遇"认知问题"。人们普遍认为公司的前景依赖其操作系统 Windows 的成功，反过来该系统也非常依赖电脑的销售。因此，许多人认为衰退的电脑市场对于微软来说是灭顶之灾。

> 墨菲特相信微软正在投资者中遭遇"认知问题"。

几年来，微软的股价一直反复在 20 美元左右波动。2013 年年初，许多微软的投资者都对公司没能充分利用平板电脑、智能电话和网络搜索功能的崛起而感到失望。公司深受完全失败的 Windows 8 发行之苦。最重要的是，微软很多股东因为感觉到公司的轻视对待，已经对公司生出了很多恶意。首席执行官史蒂夫·鲍尔默没有参加电话会议，也拒绝与公司股东进行会面，许多人认为无法得到有关公司战略的相关信息。

虽然 Windows 系统仍旧控制着市场，但是墨菲特反而对微软提供的其他服务感兴趣，比如 Office 系列办公软件产品和 Outlook 邮箱系统。这些都深深地嵌入全世界成千上万办公室人员的每日工作中。公司开始在非电脑的设备中整合这些产品。在墨菲特的理论中，他指出了一个事实，微软 70% 的收益来自两个业务部门：服务器和工具部门以及微软商业部门。

与此同时，墨菲特与 ValueAct 公司的分析师开始考虑在微软进行投资，他们收到了微软一些最大股东的联络。这些最大股东表示对此事很失望，并表示如果该对冲基金考虑在微软有所行动，他们将会支持。

ValueAct 更喜欢暗中通过温和的推动方式进行激进运动，而非公开猛推。虽然大多数激进主义者都在宣布公司占股时进行突然袭击，但是ValueAct在2013年早期已经联系了微软的关系团队，这要比其首次购入股票还早。对冲基金给微软在西雅图外的雷德蒙市的公司发送了委托，希望进行首次会

> ValueAct更喜欢暗中通过温和的推动方式进行激进运动，而非公开猛推。

面。在接下来的几个月内，ValueAct开始在微软购入股票，同时墨菲特和他的同事继续前往雷德蒙与微软高管进行见面，寻求对公司而言更好的办法。

在墨菲特与公司未来的首席财务官埃米·胡德的一次会面中，首席执行官史蒂夫·鲍尔默打进电话与ValueAct团队打招呼，并感谢他们的投资。这是三年来鲍尔默第一次与微软投资者进行沟通，表现出公司对这个新的投资者非常重视。

来自投资者的压力增加

ValueAct的总部在旧金山，以避免离在纽约的主要激进对冲基金太近。合伙创始人杰弗里·乌本和总经理梅森·墨菲特相信公司的优势在于，能够与像共同基金和退休金计划这样的大型机构投资者建立亲密的关系。这些有力的投资者对其投资的公司有重要的影响，并开始对它们的运营方式感兴趣。ValueAct还很重视它在投资的公司内与董事和经理建立的联系。因为美国企业董事会互相关联的本质，乌本和墨菲特认为他们的关系网能够帮助他们打开其他董事会的大门。

2013年4月乌本公布ValueAct在微软的地位后，对冲基金开始和其他的大型股东进行对话，告诉他们自己计划得到一个董事席位。乌本和墨菲特与两家共同基金公司——富兰克林邓普顿投资有限公司和Capital Research公司进行了沟通。这两家资产管理公司拥有超过6%的微软股票，它们一直以来对微软停滞不前的股价感到失望，对ValueAct得到董事席位的想法表示支持。同时微软内部开始对首席执行官史蒂夫·鲍尔默感到失望，许多其他投资

者希望他离开。

ValueAct继续定期与微软进行会面。7月中旬,乌本和墨菲特告诉公司董事他们两人想要一个董事席位。像微软这么大的公司竟允许给持股只有1%的投资者董事会席位,这一想法最初看起来很荒唐。微软的几个董事会成员,包括即将成为董事长的约翰·汤普森也对让激进主义者加入他们的行列表示怀疑。公司曾有过拒绝股东要求的先例。事实上,当另一个对冲基金投资者绿光资本的大卫·艾因霍恩两年前要求首席执行官史蒂夫·鲍尔默辞职时,微软甚至没有进行公开回应。

但是乌本和墨菲特认为他们有机会让股东增加对微软的不满。他们还受到之前6个月与微软召开的会议的鼓舞,感觉到一些新的独立股东确实对他们表示支持。虽然微软董事会考虑这个方法,ValueAct的一些股东却一直在与微软代表进行联系,以便让他们知道自己支持ValueAct的想法。ValueAct告诉微软董事会除非他们给墨菲特或者乌本董事会席位,否则他们将会面临一场代理权战争。

2013年整个夏天,微软一直与其最大的股东进行对话,就未来公司发展方向的问题向他们征求意见,并寻求他们对ValueAct的看法。因为即将面临潜在的代理权战争,微软想要尽可能得到有关ValueAct的信息:他们过去是怎样管理公司的,乌本和墨菲特是怎样工作的,他们与其他投资者的关系如何。

墨菲特认为微软应该少关注一些消费者软件和设备,这个观点似乎在夏天公司揭露其糟糕的季度业绩时被证明是对的。7月中旬,微软宣布前三个月其电脑的消费者需求下降了20%,Surface平板电脑卖得如此糟糕,以至于微软未出售的库存贬值9亿美元。市场的反应是无情的:股价下降了11.4%。令人失望的结果和市场反应为ValueAct增加了手中的筹码。

微软董事会的压力不断累积,一个月后,也就是2013年8月23日,微软宣布史蒂夫·鲍尔默将会在一年内辞职。该消息宣布后,公司股价上涨了

7.3%。鲍尔默是微软33年前雇用的第30任首席执行官，自世纪之交就开始领导公司。但是很多投资者责备他没能让公司成为像谷歌和苹果那样的公司，在发展网络搜索与电话设备上落后了。

微软拒绝了一段时间内公众和投资者个人对开除鲍尔默的要求。虽然ValueAct没有公开要求鲍尔默离开，该对冲基金背后的力量强制执行这一决定。如果微软拒绝给ValueAct董事会席位，该对冲基金将会利用在微软大型股东中得到的广泛支持，发动针对鲍尔默失败的毁灭性代理权战争。但是如果董事会最终答应ValueAct的要求，鲍尔默和他同伴的关系将变得紧张，将必须应对来自激进主义者对他在董事会会议室每个举动审查的额外压力。

最终，鲍尔默离开的决定似乎对各方都有利。微软董事会和鲍尔默称这一决定符合他的长期退休计划，但是因为没有明确的继承人在位，所以鲍尔默将会继续作为首席执行官直到确认其继任者。

鲍尔默退休的计划一公布，微软便联络ValueAct的杰弗里·乌本和梅森·墨菲特，并告诉他们现在不需要他们加入董事会了。虽然这两个人对这一消息表示欢迎，但是他们说如果可能的话现在更需要他们加入董事会，因为他们在领导公司度过改革期并且在挑选首席执行官方面有经验。

现在只剩一周，股东就要宣布他们是否要在公司秋天的年度大会上发动代理权战争。如果微软想要避免代理权战争的话就要快点行动了。

并不平静的董事会会议室

在截止日期的前一天，微软和ValueAct最终促成了一笔交易。双方在2013年8月28日签署了一份合作协议，并在两天后公之于众。这次交易给梅森·墨菲特一个董事席位，但是到第二年春天他才能完全进入董事会。过渡期的协议对微软来说是挽救面子的交易。这是公司40年来首次增加一位并不是由自己董事会选择的成员。如此大的公司竟给予一位只有很少持股的投资者董事会席位，这在之前是从未有过的。许多外部观察者将其视为激进投资者的一次转折点。

ISS 代理顾问全球调查的副部长克里斯·瑟内奇称："ValueAct 可能不会赢得代理权战争，微软是这么大的一家公司，持股人众多，史蒂夫·鲍尔默手中也有大量股份。但是 ValueAct 只是简单地说出了事实，并为董事会里许多善意的董事提供机会让他们对已知的事实有所行动。我想这要比人们意识到的发生的更多。"

微软董事会认为即便不会输掉与 ValueAct 进行的代理权战争，公司仍要全力寻找鲍尔默的继任者，这样代理权战争才不会过于让人分心。在宣布鲍尔默退休的消息后，董事会再次游说股东并决定最好让 ValueAct 加入进来而不是在圈外。

根据合约，墨菲特能够参与董事会定期会议，并且能够参与所有重要的商业决定。在墨菲特没有到之前，公司成立了一个寻找首席执行官委员会，在整个流程中，他被当作另一个董事成员对待。他能会见候选人，并对委员会给出自己的建议。

作为交换，ValueAct 签署了一个中止性协议，协议中表示 ValueAct 将不会增加股票超过 5%，或者向微软发动代理权战争。协议还要求 ValueAct 不能贬低公司，或者贬低其任何现任或前任董事和高管。

微软在美国劳动节前的一个星期五晚上宣布了这个与 ValueAct 的合约，有人怀疑这一举动在这个时间设定是故意限制其影响的。但是第二天，微软给了 ValueAct 一个意外。微软董事会与诺基亚达成协议，以 72 亿美元购买这家芬兰通信公司的手机产业。2013 年，微软董事会一直在考虑与诺基亚达成协议，这也是鲍尔默所积极征求的。但是董事会多次反对这一交易，表示价格过高。

鲍尔默一直坚持，最终董事会同意了这场交易，但是同时鲍尔默已经决定不会完全支持董事会，是时候离开了。诺基亚并购将会是他在微软作为首席执行官的最后一场大型交易。

但是和 ValueAct 签署协约，以及宣布与诺基亚交易后，微软成功地阻止了对冲基金的反抗。这场交易完全不顾 ValueAct 对微软的想法，ValueAct 认为公司应该关注提供业务而不是消费者产品。对交易不满意的其他股东也不能通过在即将到来的年度会议上选择替代股东表达自己的不满。反而，他们通过自己的经纪人进行投票，消息发布后，股价下降了 6.6%。

在诺基亚宣布与投资者进行电话会议后，微软的总法律顾问布拉德·史密斯被问到 ValueAct 是否在签订协约之前知道这场交易。他说："答案是否定的，你不能期盼公司对一个没有合适的保密协议的实体公开材料和非公开信息。"

ValueAct 逐渐扩大的影响

虽然诺基亚的交易违背了 ValueAct 对微软产业的计划，但是很明显的是在接下来的几个月内，这个软件巨头开始听命于这位对冲基金投资者。ValueAct 和其他投资者一直推动微软向股东返还更多的钱。2013 年 9 月中旬，公司让步表示将会提高 22% 的股息，并发起新的 400 亿美元的回购计划。

随着寻找新首席执行官的行动开始，梅森·墨菲特进一步参与其中。委员会主席首席董事约翰·汤普森住在离墨菲特家一个小时远的地方，这两个人每两个星期会见一次讨论相关流程。

微软还允许墨菲特与其管理团队召开一系列会议。ValueAct 有四个分析师专门负责微软事务。墨菲特和其中一个分析师雅各布·韦尔奇在每几周会见不同的管理团队成员后，就会拜访微软在雷德蒙德市的总部。

墨菲特称："在大多数董事会会议中，我们没有足够的时间仔细思考产业中错综复杂的问题。但是如果你 8 个月内每隔一周就去一次西雅图会见公司的每个人，仔细检查他们的生意，你就会理解这些细微的差别了。建立好这些体系，我们就能旗开得胜。从某些方面看来，如果我能立即加入董事会，这种体系将会建立得更好。这个体系刚开始就像敌对的边缘政策，接着会经历调整阶段，很快就会变成建设性的体系。"

在进行会议的过程中，墨菲特结识了萨提亚·纳德拉，他当时正运营云业务和企业业务部门。纳德拉已经在公司超过 20 年，也是首席执行官的一位候选人，墨菲特在寻找 CEO 的过程中与其更加熟悉。

2014 年 2 月，纳德拉成为新的首席执行官。墨菲特将于一个月后加入董事会。意识到纳德拉可能对激进主义者加入董事会后的前景表示担忧，墨菲特与其进行了私下会面。媒体对一旦墨菲特加入董事会将会做什么已经有了多个版本的故事。他们怀疑 ValueAct 想要微软卖掉自己的 Xbox 视频游戏产业，并关闭其必应搜索引擎。墨菲特想要坦率地揭露出其分析团队对公司得出的结论，这些结论是基于他们对微软和其竞争者的分析。他还进行了一次演示，旨在故意煽动和挑战公司所支持的行动。

墨菲特称："这次演示还着重关注不同的事物，但是我走进来，然后说'萨提亚，这就是我想的，所以你不要试图将媒体上写的东西拼凑到一块。'"

尽管微软的前领导团队可能会压制这份演示文稿，但是在新的首席执行官纳德拉和刚被任命为董事长的约翰·汤普森的领导下，这份演示文稿反而进入了公司的内部网，让所有的董事和高管看见。当墨菲特进行首次会议时，他发现他在演示中提出的所有问题都已经被讨论过了。同时有合适的新首席执行官和董事长意味着可以对公司内部问题进行公开讨论，并且没有人会对继任者的决定进行反对，因为他们并不对其负责。

在纳德拉的领导下，微软开始了巨大的动荡时期。有迹象表明微软不再追求智能手机市场，公司冲销了 2015 年 7 月价值 72 亿美元的诺基亚并购案的所有价值（这意味着 7800 个工作岗位）。裁员的计划是纳德拉入职后 18 个月内移除公司 25 000 个职位计划的部分内容，要裁掉的员工还包括几个与前首席执行官史蒂夫·鲍尔默和比尔·盖茨有紧密联系的高管。微软还创造了新的操作系统 Windows10，将其免费提供给客户，并将其大部分广告运行交给了美国在线（AOL）。与此同时，公司再次将关注点放在云计算和以业务为重点的产品上。在此期间，公司股价大涨，在 2014 年 11 月成为美国市值第二大的公司，价值超过 4010 亿美元。

股价上涨之多，以至于一年后 ValueAct 出售了 25% 的控股，由于资产组合开始使得微软的股票加权过重。

墨菲特称："对于只想听到战争的质疑者、胜者或者败者，这并不是目前的情况所在。事实上，这是对基于这个有 40 年历史品牌的假设进行再审查，去除目前在世界上行不通的方案，并追求那些行得通的方案。你可以通过所有在微软进行的行动追踪他们的基本态度。对我们来说，这不是必要的，但是对于微软来说则必须对其基本信念进行再次审核。"

| 第 8 章 |

惠普四面楚歌的董事会

董事会会议室的戏剧性事件

如果有公司看起来对激进主义者采取的行动有所准备的话,那就是惠普公司。到 2011 年,惠普这 10 年来的大部分时间都陷在企业丑闻之中。每一件丑闻都让董事会与其股东变得疏远,股东也逐渐对公司表现变得愈加失

> 如果有公司看起来对激进主义者采取的行动有所准备的话,那就是惠普公司。

望。所以,当公司受到激进主义者拉尔斐·怀特沃斯和其对冲基金公司 Relational Investors 注意时,人们也就不足为奇了。然而,当时人们没有想到的是,他给这几年来充满戏剧性事件的董事会会议室带来了一丝平静。

硅谷上演的肥皂剧

惠普自从在加利福尼亚州帕洛阿尔托郊区的车库内建立后(该地点从此被称为"硅谷的发源地"),一路走来,成为世界领先的电脑制造商。2002 年,它进入了收购对手康柏公司的最终阶段,这场交易以及与沃尔特·休利特的

交易深陷个人和公共争议中——沃尔特·休利特是惠普董事会成员之一，也是其创始人之一的儿子。几年后，惠普董事长帕特里夏·邓恩辞职，她在查明董事会成员是否向记者泄露消息时进行的内部审查令人怀疑。公司雇用了私人审查机构，运用如假托这样的间谍技术，有时还会扮演董事和记者以获取其电话记录。

但是惠普董事会会议室的丑闻通常因为卷入其中的高管而蒙上阴影。2005 年，邓恩领导了一场运动驱逐当时的首席执行官卡莉·菲奥莉娜，其因为未能在以 242 亿美元并购康柏后完成既定目标而受到谴责。

马克·赫德取代了菲奥莉娜，人们普遍相信他能为惠普增加财富，并将其看作硅谷冉冉升起的新星。然而在 2010 年，他也陷入了戏剧性的事件中：从前在真人秀节目中的一位竞争者也是其同事控告他性骚扰。惠普在进行内部审查后认为这一指控是不道德的，即便公司谴责赫德在开销上的不规范行为以及为公司带来的负面影响。董事会驱逐赫德的决定遭到了对手甲骨文公司首席执行官拉里·埃里森的严厉批评，他立即宣布雇用赫德为联合总裁并让其成为甲骨文董事会成员。埃里森在给《纽约时报》的邮件中称："惠普董事会的决定是继苹果董事会的笨蛋辞掉了史蒂夫·乔布斯后做的最糟糕的人事决定。"

惠普许多大型投资者非常震惊，因为董事会在迫使赫德辞职时并没有要求他签署竞业禁止合约。他们当时仍难以置信赫德（被看作硅谷最有前途的行政人员之一）仅在几天后就加入了惠普主要的对手公司。

接着，惠普董事会在 2010 年 9 月雇用李艾科成为首席执行官。但是他很难说服投资者相信自己有能力在顾客不愿意购买公司主要产品——个人电脑、打印机和墨盒的时期带领公司走向成功。他在职不到一年，在此期间，公司市场价值下跌了超过 30 亿美元。

尤其是在 2011 年 8 月 19 日，惠普发布了许多不受欢迎的宣告，因此股价下跌了 1/4。公司表示考虑剥离其个人电脑业务，并已经达成交易，以 110

亿美元的价格购买欧洲第二大软件公司 Autonomy。这个价格比 Autonomy 市场价值额外多了 79%，惠普投资者对此表示不屑，李艾科则成为他们泄愤的靶子。

惠普股价因为该新闻大跌，拉尔斐·怀特沃斯的 Relational Investors 公司看到了机遇并开始购入价格更为低廉的股票，最终累计股票占比达到 1.5%。怀特沃斯不是那种会在公司如此混乱之时推迟其投资的人。1999 年，他在得克萨斯废物处理公司（Waste Management）深陷内部交易和财务危机的灾难后，成为该公司的董事长。他稳住了公司，并在董事会继续任职 5 年。

有一些电脑公司的最大投资者开始催促 Relational Investors 公司增加对惠普的兴趣，他们此时已经完全对惠普董事会失去信心。Relational Investors 公司的总部位于圣迭戈，与加利福尼亚一些最大的机构投资者建立了长期的关系，其中包括两个国内最大的退休基金——加利福尼亚州教师退休系统和加利福尼亚州公务员退休系统。它们都是 Relational Investors 公司早期的投资者，到 2011 年有约 10 亿美元由这家对冲基金操作。

这两个非常有影响力的基金也是惠普这家州内最大公司的主要投资者，尤其是加利福尼亚州教师退休系统催促怀特沃斯的 Relational Investors 公司去搅乱惠普董事会。

加利福尼亚州教师退休系统公司治理部门主管安妮·希恩称："对于我们投资者来说最大的问题之一，是董事会成员在并购 Autonomy 时的监管疏忽行为，这实在令人非常震惊。他们非常疯狂，并没有在处理这么大型的并购案时像独立董事一样进行监管。这给股东上了一堂课，我们要让这些董事负责，让他们在并购案上对自己应尽的义务负责，不能只迷恋于即将收购的公司并将其壮大的现实。"

后来在受惠普委托，由其法律公司普洛斯律师事务所执行的对 Autonomy 并购案的事后反思中，显示出惠普董事会在进行交易前忽视了 Autonomy 财务状况的警示。报告显示惠普董事长雷·莱恩在交易进行的几天前严重怀疑这场交易，因为他开始怀疑 Autonomy 是一家"滚动式"发展的公司，通过并购增长速度过快。

在交易几天后，这位焦虑的董事长在给首席执行官李艾科的邮件中写道："我仍旧对 Autonomy 感到提心吊胆。我不认为这是我们之前所设想的万灵药，我认为董事会没能（至少我不记得我们讨论过）在考虑这个价格时想到该公司是滚动式发展的。"

但是到莱恩发送这封邮件时，一切都已经太晚了。

又一位离开的首席执行官

仅在 Autonomy 并购案定下结论 3 周后，惠普董事会决定其首席执行官（逐渐证明他是这场损失惨重的交易的主要推动者）必须离开。2011 年 9 月，公司辞退李艾科并用自己的一位成员——梅格·惠特曼代替了他。惠特曼曾任 eBay 首席执行官，自年初起开始在惠普董事会任职。虽然惠特曼被人们看作精明的管理人员，能够带领公司重整旗鼓，但是有些投资者认为她的委任是董事会机能不良的另一个标志。公司看起来并没有进行对于首席执行官的相关搜索流程，而是通过快速而简单的方式进行委派。

惠特曼很快开始工作，试图赢回惠普股东的支持，其中大部分人仍旧对 Autonomy 的交易感到生气，小部分人对委派首席执行官的流程感到不悦。惠特曼最开始的任务之一是将惠普剥离个人电脑产业的计划放到一边——从营业额的角度来看这是当时全球最大的交易。这个计划在惠普股东中非常不受欢迎。几年来，惠普一直考虑剥离其个人电脑业务，而董事会对此有很大的分歧。然而，惠特曼表示虽然废除这一计划最终是她自己的主意，但是她得到了董事会的大力支持。

惠特曼成功地在短期内阻止了股东反对，终止了他们对个人电脑剥离的怀疑，她现在要做的就是处理激进投资者对惠普股东的影响。2011年10月，Relational Investors公司的拉尔斐·怀特沃斯联系了惠特曼和惠普董事长雷·莱恩。他告诉他们自己想要一个董事会席位，并将推动股票回购，实行更高的股利以及提高研发投入。他还说希望能在惠普的并购策略中看到更多规范的运用。

怀特沃斯与他的激进投资者同伴比起来没有那么激进，并且在推动较好的公司治理方面有很好的声誉。但是惠普董事会也意识到怀特沃斯并不反对在有需要的时候运用更富有对抗性的手段以达到自己的目的。他们清楚地知道四年前他是怎样最初在家得宝购入1.3%的股票的，并通过指控内部人员允许高管得到超过其业绩的薪酬，成功驱逐了其首席执行官和四个董事。如果惠普管理者拒不接受其推进方式，他们将会发现自己会落得和家得宝那些人一样的命运。相反，因为惠普董事会和管理团队近几年来的混乱状态，惠普董事认为他的加入可能不是一件坏事。

至少，这能减轻董事会的压力，特别是当股东基数越来越大时。Relational Investors公司在机构投资者中是很受欢迎的激进主义者（比如加利福尼亚州教师退休系统和加州公务员退休基金），它的一些最大的支持者也是惠普的投资者。

2011年11月，董事会给予怀特沃斯一个席位。随着他的到来，董事会成员增加到14个。惠普和Relational Investors公司签署了一份合约，怀特沃斯将会作为董事长达两年；作为回报，该对冲基金不能为惠普寻求并购或者兼并交易，并需要将自己在公司的持股维持在10%以下。

虽然怀特沃斯加入董事会可能是其他投资者为惠普带来的些许善意，但是有一些惠普董事仍旧对激进主义者的加入持谨慎态度。他们知道他很受尊重，有很好的业绩记录，会与公司合作而不是进行对抗。但是他们也知道自己的董事会最不想出现的状况就是有人在内部搅乱之前的部门。然而，当董事逐渐了解这位新的董事伙伴时,他们开始感到更加轻松。

一个当时在董事会任职,但是不想说出自己名字的成员回忆时表示:"他并不是那种摧毁性的激进主义者,但是即使他的声誉较好,我还是很震惊他做得竟这么好,他充分地考虑到了所有人的情况和位置。他解释自己方法的方式能让所有董事会成员都很清楚地看到自己将会得到什么利益。我认为他甚至没有提高过自己的音量或者进行威胁。"

惠普试图用怀特沃斯的委任安抚其愤怒的股东,这看起来似乎解决了问题。加利福尼亚州教师退休系统的安妮·希恩在当时的一个声明中表示:"怀特沃斯的委任是缓和投资者对惠普治理状况、公司组成和最近表现担忧的

> 惠普试图用怀特沃斯的委任安抚其愤怒的股东,这看起来似乎解决了问题。

重要的第一步。加入一位声誉好的股东将为董事会的审议带来很有价值的观点,并为惠普股东带来积极的信息,这家标志性的加利福尼亚公司在对其领导方面进行积极的改变持有非常认真的态度。"

在董事会会议室中,怀特沃斯很快在其董事同事中成为很受欢迎的人。他们很喜欢其在讨论董事会问题时冷静、慎重的方式,认为他在公司治理方面提供了很完善的建议。在此期间,怀特沃斯和首席执行官梅格·惠特曼成了亲密的盟友。

2012年3月,在下一年春天的惠普年度大会上,怀特沃斯收到了在所有董事中最高的股东投票。董事会允许其加入已经开始变成了一个决定。

重燃敌对行为

但是惠普因为让拉斐尔·怀特沃斯进入董事会而从投资者那里得到的善意并未持续很久。2012年11月,惠普宣布从其账面价值中抵消88亿美元,因为前一年其不受欢迎的Autonomy收购案。首席执行官梅格·惠特曼说其中的50亿美元是因为Autonomy用来抬高购买价格的错误会计问题造成的,剩

下的损失是因为惠普股价下跌，以及Autonomy的交易并没有达到其预期目标造成的。惠特曼当年要做的第二个主要的削减计划，就是宣布在8月公司服务部门削减80亿美元。

因为该消息，公司股价下跌了12%，降至11.71美元，是其10年来的最低水平。这次下跌让公司损失超过30亿美元的市场价值，股价自1月起下降了一半，股东再次被激怒。一周后，部分股东因为股价下跌对惠普提出诉讼，并谴责惠普收购Autonomy的决定。

投资者团队准备在2013年3月的股东大会上给惠普董事会一记重拳。CtW投资（一家退休基金的公司治理顾问）给75%的惠普股东写了一封信，催促他们不要再选两个任期最长的董事——约翰·哈莫葛伦（他自2007年起便负责主管其金融与投资委员会），以及肯·汤普森（审计委员会主席）。CtW称董事会监管了一系列损失惨重的并购，其与审计员的关系过于亲密。CtW在一次声明中表示："除了成员变动，我们相信董事会因为多年糟糕的表现而步履蹒跚，缺少责任意识以及对关键职责的监管失职。"纽约的退休基金宣布将会听从CtW的建议，投票反对哈莫葛伦和汤普森。

代理顾问ISS也建议客户投票反对再次选举哈莫葛伦和汤普森，并认为董事长雷·莱恩也应该失去自己的席位。同时，代理顾问格拉斯·刘易斯建议坚持任用莱恩，但是建议投票反对哈莫葛伦和汤普森，以及其他两个董事成员——马克·安德里森和首席董事拉吉夫·古普塔。

在2013年3月20日召开的年度大会上，整个董事会都经历了再选，但是哈莫葛伦、汤普森和莱恩只得到了足够留下的票数，每个人都得到不足60%的支持。相反，梅格·惠特曼和拉尔斐·怀特沃斯都得到了超过95%的支持。

尽管所有董事都成功通过了投票，但是这对董事会来说绝不是好事。投资者表现出自己对惠普的不悦，并谴责其董事。在股东会议上，怀特沃斯告诉他的投资者伙伴可以在接下来的几个月里期望董事会做出改变。他说:"所有的董事会都应该'进化'——当然它们在不久的过去就有过这样一次'进化'。"

> 投资者表现出自己对惠普的不悦,并谴责其董事。

惠普重提改变又花了两周时间。2013年4月4日,约翰·哈莫葛伦和肯·汤普森辞职,雷·莱恩也辞去了董事长职位。股东对Autonomy交易的怨恨非常大,以至于他们认为只有一个董事可以接替莱恩成为董事长,即唯一一个在进行交易时不在董事会的成员——拉尔斐·怀特沃斯。他被任命为临时董事长。这对怀特沃斯这个激进主义者来说是巨大的成功。他不仅以只持股不到1%的身份成功加入一家大型公司的董事会,在成为董事不到15个月后,他现在又成了董事长。

Autonomy并购令惠普卷进灾难

克里斯·纳托尔　理查德·沃特斯　丹·麦克拉姆

惠普董事长和任职最长的董事在星期四辞职,这是对去年使公司失去88亿美元价值(以110亿美元对Autonomy进行并购导致的)后续反应。

在最终找到合适人选之前,雷·莱恩的董事长席位将暂时由拉尔斐·怀特沃斯接替。怀特沃斯是一位激进主义者,在2011年作为独立董事加入董事会,是惠普10年以来第5任董事长。

莱恩在其勉强没有被这家硅谷公司董事会投票出局后仅两周,便选择了辞职。

在惠普3月的股东大会上,他只收到了59%的投票支持他成功再选,而前一年这个数字还是96%。他将仍旧作为董事任职。

莱恩在声明中称:"上个月股东投票结果出来以后,我就决定辞职,以减少任何可能阻止公司好转的事情发生。"

约翰·哈莫葛伦和肯·汤普森只在会议上分别收到了54%和55%的支持,想要通过再选的话需要得到超过50%的支持。惠普在星期四表示约翰·哈莫葛伦和肯·汤普森在董事会任职8年和7年后,他们现在已经决定离开董事会。

加利福尼亚州公务员退休基金公司治理部门主管安妮·辛普森很支持这一举

动。但是她说股东的意图很明显，进一步改变是有必要的。"不是说让他们进入一间要么有白兰地要么有手枪的屋子，我们希望他们能做正确的事。"

加利福尼亚州公务员退休基金，除了在惠普直接控股，在怀特沃斯的 Relational Investors 公司也有 10 亿美元的投资，正与惠普进行积极的对话。辛普森表示"所有导致这场灾难的人都应该靠边"，包括惠普长达 15 年的审计部门——安永会计师事务所。

机构股东服务公司是一家很有影响力的代理顾问公司，曾催促惠普股东对莱恩和其他两个董事的再选投反对票，因为他们曾负责公司很有争议的一家英国软件公司 Autonomy 的并购案。ISS 称股东因为其没能监管相应的审查流程而感到担忧。

哈莫葛伦是药品零售商麦克森的首席执行官，也是惠普金融和投资委员会的主管。汤普森是美联银行的前任董事长，也是审计部门的主席。

莱恩自 2011 年 9 月起就任职执行董事长，在 2010 年 11 月曾被委任为非执行主管。他曾是软件公司甲骨文的前总经理。

惠普断言 Autonomy 提高其金融数字，为其真实价值造成了假象。Autonomy 创始人和前任首席执行官迈克·林奇，强烈否认这些主张并控告惠普的错误管理行为。

这些人的离开导致近几年来个人电脑制造商高层的最新动荡。非执行董事长帕特里夏·邓恩因为董事会会议室的间谍丑闻而辞职，而之前的首席执行官卡莉·菲奥莉娜和马克·赫德都因为不同的原因被驱逐。

怀特沃斯在星期二称："雷、约翰和肯都是非常好的领导，他们饱富激情，想要为惠普做正确的事。我们仍将会纳入杰出的董事，增强我们的治理能力并尽可能为股东做到最好——我们所知道的最好。"

首席执行官梅格·惠特曼上任时正值将惠普发展为具有更高利润的软件和服务产品的五年计划中的第二年——即便其在个人电脑货运上仍旧处于全球领先地位。

怀特沃斯在年度大会上收到了 96% 的支持。Relational Investors 公司拥有价值约 8 亿美元的惠普股票。

他在会议上告诉股东，他们可以在接下来的几个月期待董事会变革。

资料来源：Nuttall, C., Waters, R., McCrum, D., 'Autonomy deal debacle takes toll at HP', *Financial Times*, 4 April 2013.

© The Financial Times Limited 2015. All Rights Reserved.

怀特沃斯的一个主要拥护者是安妮·辛普森，她是加利福尼亚州公务员退休基金公司治理部门的主管，并且与 Relational Investors 公司和加利福尼亚州公务员退休基金关系密切。该基金在 1996 年首次给予 Relational Investors 公司 2 亿美元，令其管理。

但是虽然加利福尼亚州公务员退休基金是 Relational Investors 公司的长期支持者，怀特沃斯被提升为董事长还是造成了这两家投资公司之间的冲突与摩擦。怀特沃斯之所以能成为董事长，部分原因在于他同意永远与公司站在统一战线上。但是加利福尼亚州公务员退休基金担心这意味着他将会被迫同意一些该退休基金不同意的政策。辛普森在回忆时表示："我们陷入了一种非常尴尬的状况。"

接下来的几个月，怀特沃斯和梅格·惠特曼合作试图重组公司，以应对低迷的个人电脑销售和因为并购而失去的名誉。这两个人在惠普时削减了 34 000 个岗位，在科技研发方面增加了投入，并替换掉了几个高层管理人员。三个董事加入董事会，包括微软的软件部前主管雷·奥兹。怀特沃斯还对 Autonomy 财务核算进行了内部审查。

怀特沃斯和惠特曼花了很多时间一起进行合作，计划扭转惠普的财务状况。怀特沃斯在拆分感兴趣的公司方面有一定的经验。他于 2011 年对像 L3 通信和大型工业集团 ITT 进行过这样的行动。几年前在家得宝，他就曾经迫使公司离开商业建筑材料供应产业。他和惠特曼一起计划对惠普进行大型的重组计划，希望该计划能够有效阻止这段时间降低的个人电脑销售量。

激进主义者后遗症

但是拉斐尔·怀特沃斯不会在惠普待足够长的时间，所以无法看到计划执行了。2014 年 7 月，仅在被任命为临时董事长后一年，他就被迫因为喉癌复发辞职。梅格·惠特曼一人肩负首席执行官和董事长两职。怀特沃斯在董事会三年，虽然惠普因为 Autonomy 的交易而挫败，但是股价上涨了 1/4。

在接下来的几个月内，Relational Investors 公司首次宣布因为怀特沃斯的无限期离职，将不会在任何新公司进行投资，接着还宣布将会开始撤出一些现有投资，因为害怕该基金的投资者会因为怀特沃斯不在而想要拿回钱。在这些投资者中，许多都和 Relational Investors 公司签订了协约，其中有条款称如果怀特沃斯不能在大部分时间内在该对冲基金工作，他们可以要求拿回投资的钱。

2014 年 10 月 6 日，惠特曼展示出自己和怀特沃斯一起想出的阻止惠普销量下跌的计划。事实上，这个计划和其前任李艾科的观点并没有本质上的不同，而之前李艾科的计划却饱受批评。她宣布惠普将会被剥离成两家公司：一家专注于个人电脑销售和打印机，另一家则关注于业务服务和软件产业。惠特曼将会成为业务服务公司的首席执行官和个人电脑公司、打印机公司的董事长。

怀特沃斯很支持这一决定，表示这对于股东来说是一次伟大的举动。宣布这一决定当天在接受美国全国广播公司财经频道采访时，怀特沃斯被问到此时是不是个苦乐交集的时刻，因为花了很多时间放在重组计划上，却仍旧没能在计划宣布的时候成为董事长。他回答称："并不是这样的，我只是很开心看到这个计划得到执行。不知道你记得吗，柏林墙是因为乔治·布什才被推倒的，但是每个人都以为这是罗纳德·里根的计划。所以，我并不担心功劳在谁身上或者其他什么。事实上，确实是梅格在董事会和管理团队推动了这一计划。这个计划背后并不只有一个人。"

就这一次，惠普的重大新闻不再是解决董事会会议室内的混乱和分歧。

加利福尼亚州教师退休系统的安妮·希恩表示："你永远不知道激进主义者进入董事会会议室时是否会造成混乱或者会变得很糟。拉斐尔在短时间内赢得董事会信任，不仅是因为他作为投资者所具有的知识和经验，还因为他的个人魅力。他规划了一条前进之路。我想 Relational Investors 公司所有的董事都会说完全一样的话。"

> 就这一次，惠普的重大新闻不再是解决董事会会议室内的混乱和分歧。

| 第 9 章 |

沃尔格林和特洛伊木马

意见一致

巴里·罗森斯坦带着密谋抵达伦敦。这位来自新泽西的对冲基金经理主要对美国的上市公司感兴趣。这次他要会见的人让他八个小时的航程变得有意义。

招待他的人是斯特凡诺·佩西纳,这是一位白发苍苍的意大利生意人,他对进行交易非常有热情。罗森斯坦和他在贾纳合伙公司的分析团队曾对佩西纳进行过调查,并对他以往的成绩表示赞赏。佩西纳早年时放弃了学业,用40年的时间建立起自己的家族式零售药品产业——联合博姿公司,这是全球制药产业最大的公司之一。该公司主要经营健康和美容产业,同时负责这方面产品的制造、零售和分销。他通过果敢的扩张策略取得这项成就,而这基于一系列大胆和及时的并购。他声称已经完成了150次并购,其中包括收购由奥尔内拉·巴拉运营的一家企业(巴拉也成为他30年的伴侣以及联合博姿的高管)。公司的零售店遍布欧洲商业街,并跨越全球27个国家。

最终在 2012 年，联合博姿成了其更大的对手沃尔格林的并购对象（沃尔格林是美国最大的药品零售商）。当时佩西纳策划的一场交易已经大获成功，在沃尔格林购入几乎一半联合博姿的购票后，他仍拥有这家公司最多的个人持股。华尔街的许多分析师都想知道佩西纳的下一个目标是谁。

> 华尔街的许多分析师都想知道佩西纳的下一个目标是谁。

当联合博姿与沃尔格林的交易公布后，罗森斯坦和他在贾纳的团队首次对佩西纳的背景产生兴趣。此时，他们开始调查这位意大利的七旬老人，这位老人在一夜之间成为美国标志性品牌之一最大的个人投资者。罗森斯坦和他的团队获得越多关于佩西纳的信息，他们就越相信他在沃尔格林有巨大的影响。贾纳开始购入沃尔格林的股票，到 2013 年 10 月，他们已经得到价值超过 7000 万美元的股票——这个投资很谨慎，但是足够让罗森斯坦与佩西纳进行会面了。

罗森斯坦后来在激进主义者投资会议上对观众说："我坐下来和他谈论了大约一个小时，当我回到车上时，我给一位合伙人打了电话，我说'我们要买这家公司 10 亿美元的股票'，而且我们做到了。这是当时贾纳最大的投资，也标志着罗森斯坦和佩西纳长久关系的开始，这将为联合博姿和沃尔格林带来一场巨大的变动，在全球制药业也会造成很大的影响。"

没有疗效的药

到 2012 年 6 月沃尔格林同意支付 67 亿美元购买联合博姿 45% 的股票时（可以选择在三年内买入剩下的 55% 的股票），这家美国的零售商开始萎靡不振。

公司在 20 世纪后半段大部分时间都在努力将自身从中西部主要的企业发展为美国最大的连锁药店。到 2011 年 4 月，沃尔格林在全美运营超过 8000 家连锁店，并在美国海外领地关岛和波多黎各有分店。每天为超过 600 万顾客提供服务。

但是公司正经历成长的痛苦。股东对沃尔格林前 30 年的表现很满意，他们已经习惯于看到每年两位数的营业额增长。但是到了 2008 年，沃尔格林已很难保持这个增长速度了。

公司正面临着日益激烈的竞争。其在 20 世纪后半期的强劲表现主要是因为它在与当地独立药店和区域连锁药店竞争。沃尔格林的势力意味着它通常比那些规模较小的竞争对手更有效率。2011 年，它仅占全美零售制药店销售额的 20%，但是有几个对手已经追赶上来了。CVS 和来德爱已经开始发展成全国性的大型公司，而像沃尔玛和好事多这样的大型零售商开始销售仿制药，而且通常比沃尔格林的药品价格便宜很多。美国的一元店和在线零售商也开始作为竞争对手出现，能提供更低的价格和相应的便利服务。

2011 年年末，沃尔格林遭遇了进一步挫折。整整一年，公司和其重要的商业伙伴都处在公共争议中。美国快捷药方公司是一家医药福利管理服务提供商，在企业和制药厂之间扮演着中间人的角色，负责加工和支付工人药方的费用，已经成为沃尔格林主要的生意来源，占其 8% 的营业额。两家企业的合约将于 2012 年 1 月进行续订。沃尔格林想推动一个更好的交易，但是快捷药方公司对谈判并不感兴趣。沃尔格林直接求助于快捷药方的人事部主管，向他们寻求支持。快捷药方的回应则是激励其顾客在沃尔格林的竞争对手那里购买药品。

双方的对话终止，沃尔格林被快捷药方公司从自己的关系网中剔除。这对沃尔格林造成了毁灭性的影响。2012 年上半年，公司每个月的制造业销售额降至 10%。与此同时，快捷药方公司 4 月兼并美可保健公司，成为最大的药福利管理服务提供商，因此沃尔格林在美可保健公司的生意也受到了威胁。更糟糕的是，沃尔格林丢掉的大多数生意都被它最大的对手 CVS 捡了过去。

沃尔格林需要一个大胆的举动重建自己的优势，2012 年其收购联合博姿的交易看起来达到了其理想的结果。从理论上讲，这两家公司的联合看

> 沃尔格林需要一个大胆的举动重建自己的优势。

起来非常合适。两家公司都是国内大型的企业，但是每一家又都能在对方市场上找到立足之地。这场交易经过策划，让沃尔格林得以在3年内以95亿美元现金和股票购入剩下的55%的股票。

分析师还认为这场交易非常有吸引力，希望能够通过交易让斯特凡诺·佩西纳和他在联合博姿的管理团队在运营兼并的公司上有更多的话语权。交易让佩西纳在沃尔格林得到8%的个人股票，并得以加入董事会。

在宣布这场交易时，沃尔格林的首席执行官格雷戈里·沃森称："这是一次机会，能够创造世界上首家真正的全球制药和医疗保健企业。没有任何其他的公司能够比上它。"但是因为佩西纳在沃尔格林作为投资者和董事的重要地位，以及他以往掌控公司的历史，分析师开始怀疑沃森在公司未来的地位将会变成什么样。

虽然沃尔格林的经理对此次交易表示乐观，但是股东最开始并不能接受。消息宣布之后，股价下跌了超过9%，是其近两年内的最低水平。有些投资者认为沃尔格林花了太多钱，在这个时候进行这么大的并购并不是正确的选择。

快捷药方公司交易的失败对沃尔格林的股价有非常大的影响，分析师估算这花费了其超过40亿美元的年收入。与联合博姿的交易宣布后，因为市场反应并不好，沃尔格林的管理团队准备试图重塑与快捷药方公司的关系。2012年7月19日，两家公司宣布了一项新的协约，沃尔格林的股价因此上涨11.8%。沃尔格林的高管很有自信能够渡过这次难关。

厌恶情绪对调

就在这时，贾纳的合伙人开始对沃尔格林产生兴趣。它认为公司在策略上失去了方向，没能利用其在美国市场上的重要地位将其价值达到最大化。贾纳认为沃尔格林比起同期对手运营效率较低，削减运营费用的话将会节省很多开支。巴里·罗森斯坦将沃尔格林首席执行官和店铺经理之间分成12个等级，而规模差不多大的联合博姿只有 5 个等级。他还对沃尔格林进行了利润分析（比 CVS 低 1/3，是其全球同期对手的一半），巴里·罗森斯坦认为它仍有很大的进步空间。沃尔格林与快捷药方公司之间非常不愉快的争执也让贾纳相信，沃尔格林的管理团队没能跟上变化中的美国医疗保健体系。

于是罗森斯坦与斯特凡诺·佩西纳在伦敦见面后，感觉这个老谋深算的意大利人是能够扭转沃尔格林态势的正确人选。但是罗森斯坦感觉贾纳也能够参与其中起到作用。

贾纳为重振沃尔格林创造了一个计划，并于 2014 年初期接触公司管理团队。贾纳给出的主要提议包括改变公司资本配置，加速完成对联合博姿的并购，并在联合产业的领导团队中获得重要地位。

但是最有争议的是另一个提议。贾纳提出建议：将与联合博姿的交易安排成税费倒置的情况，这样较小的公司能够真正从法律的角度上接管大企业，而联合公司的总部将会搬出美国——在这场交易中，目的地将会是瑞士的伯尔尼。这样的安排旨在减少税费。来自美国地区以外的利润将不再受约为 37.5% 的美国企业税率的影响。与此同时，美国企业的利润将会通过公司间贷款转移到瑞士的公司中，因此可以享受瑞士更低的税率（几乎是美国的一半），这种手段被称作利润剥除。股东将会节省大笔开支。巴克莱银行估算将会省下 7.83 亿美元的税费。

> 贾纳提出建议：将与联合博姿的交易安排成税费倒置的情况。

但是这种做法也在顾客和许多政治家中饱受争议并且非常不受欢迎。与此同时，制药商辉瑞公司试图与其英国竞争对手阿斯利康公司进行倒置交易，但是遭到了大西洋两岸的公共抵制。另一家大型美国制药公司阿特维斯曾在前一年与爱尔兰公司华纳·奇考特的交易中进行了部分倒置交易。奥巴马在当年晚些时候对这种行为表达了自己的看法，他为这样的税费倒置做法贴上了"不爱国"的标签。

2014年7月26日，奥巴马在其每周电视讲话上表示："当有些公司挑选自己的税务时，就会破坏国家的经济。这将会增加财政赤字，让能够保持美国持续繁荣方面的投资变得更难，并且会因为你在海外隐藏的事为你贴上标签。我们现在的税法漏洞让这种做法变得完全合法，而我认为这完全是错的。你不应该选择遵守哪些规则或者支付哪些税费，这些公司也不应该这样做。"

沃尔格林董事会和管理团队最开始对倒置交易非常谨慎，尤其是因为气愤的顾客可能对他们进行抵制。对于被政府看成避税行为这件事，公司非常敏感，这是因为沃尔格林将近1/4的营业额来自美国的两个医保项目——老年保健医疗制度和医疗补助制度。

2014年2月上旬，在伦敦的一次投资者会议上，沃尔格林和联合博姿的管理团队与来自德意志银行、摩根士丹利的代表和其他投资者讨论倒置的可能。德意志银行和摩根士丹利认为倒置交易不太可能。随着有关这些讨论的流言四起，以及分析师对沃尔格林管理团队的想法也表示出了热情，股价上涨了将近10%。沃尔格林很快发表声明，表示自己并无意愿实施倒置计划，但是股东有其他的想法。

4月11日，美国的生意人在巴黎的四季饭店进行了一次私人聚会。参与其中的人员包括沃尔格林的首席执行官格雷戈里·沃森和首席财政官斯特凡诺·佩西纳以及来自贾纳的代表。参会的还有一些沃尔格林对冲基金投资者代表，包括高盛投资合伙人、奥奇－齐夫资本管理（Och-Ziff Capital Management）和另一家激进主义公司Corvex Management。投资者推动沃尔格林和联合博姿的并购交易在最后阶段被安排成倒置交易。瑞士银行上个月表示这样的行动能够将每股收益增加75%。《金融时报》的一篇文章起初认为沃尔格林的管理团队仍旧反对倒置，但是所进行的这些对话是"建设性的"。

沃尔格林力求离开美国以获税项利益

爱德·哈蒙德

沃尔格林收到来自具有影响力的团队股东的压力，他们想要美国的主要连锁产业考虑迁移至欧洲，因此这会成为有史以来最大的税费倒置行动之一。

在周五的巴黎私人聚会上，拥有近5%沃尔格林股票的投资者游说公司管理部门运用160亿美元收购总部在瑞士的联合博姿，重新安置其征税基础。

这个举动就是所谓的倒置，将会大量减少沃尔格林在美国的税务（美国拥有全球最高的企业税率）。

据相关人士表示，包括高盛投资合伙人、对冲基金贾纳伙伴、Corvex Management 和奥奇–齐夫等投资团体，在因为沃尔格林拒绝考虑迁移而感到失望后要求召开会议。

瑞士银行分析师在上个月的一份文件中指出，沃尔格林的税率是37.5%，而联合博姿则是20%，税费倒置可以使每股收益增加75%。然而，他们补充：“沃尔格林的管理团队看起来很犹豫，害怕因为近期的政治危机触发问题。”

沃尔格林的首席执行官沃森和首席财政官韦德·密克隆以及意大利的富翁斯特凡诺·佩西纳参加了星期五的会议。

据两位知情人士透露，这场会议于该市的第八个高消费县内的四季饭店举行，讨论的内容非常具有"建设性"。

现有的规则意味着美国的公司可以通过交易将超过20%的股份转移到外国所有人手中，进而放弃其国内的税务地位。

沃尔格林的税务倒置在美国很可能面对强烈的政治抵制，过去两年内这种做法尤其在制药业中非常流行。

推动高管考虑倒置的同时，股东团队告诉沃森和佩西纳他们想要联合博姿在运营并购产业上占据更重要的地位。

总部位于伊利诺伊州的沃尔格林以67亿美元的现金和股份收购了45%的联合博姿，剩下的55%将在下一年以95亿美元的价格收购。这家联合产业基于2013年的数据将会有1100亿美元的销售量。

联合博姿遭到了保税组织的批评，其中包括英国反削减公共开支运动，它们过度夸大地认为自从佩西纳和私募股权投资机构科尔伯格–克拉维斯（KKR）在

> 2007年以120亿英镑与沃尔格林进行交易后,该公司的税单大大削减。沃尔格林和联合博姿拒绝对此进行评论。
>
> 资料来源:Hammond, E., 'Walgreens urged to leave US to gain tax benefit,' *Financial Times*, 13 April 2014.
> © The Financial Times Limited 2014. All Rights Reserved.

该事件发生后,公司股价持续上涨。然而,这次公司没有那么快否决相关报道。两周后在回应一个针对该事件的问题时,沃尔格林投资关系的副总裁瑞克·汉斯表示:"我们不是反对(原文)寻求(倒置)……我为什么要反对呢?我的意思是说……这为人们省下很多税费,是吧?我们从不提倡支付多余税费,我们总是试着将其税费支付最优化,以增加公司价值。"沃尔格林最初对倒置的反对似乎渐渐消失。

贾纳的代表继续与沃尔格林的管理团队进行会面以商讨他们的提议。该管理团队同意其中的一些提议,比如削减开支以及改变资产配置。但是沃尔格林的高管,已经看出了公众有多么反对税费倒置,同时也没有在改变所并购的联合博姿结构上尽全力。

5月28日,沃尔格林董事会与管理团队的代表进行了会面,其中包括首席执行官沃森、首席财政官韦德·密克隆以及企业秘书和行政长官托马斯·沙巴蒂诺。公司的法律顾问利普顿律师事务所以及法律顾问高盛集团也出席了会议。管理团队分析了支持和反对加速联合博姿并购案第二阶段的原因。他们还对交易其他的可选方法进行了研究,其中包括倒置的可能性。

在将公司总部重新迁移至瑞士的事情上,有大量法律和科技问题需要考虑,但是他们并不认为这是无法解决的。税费利润非常明确并具有吸引力,但是参会的许多人担心顾客和政治家会对此做出什么反应。未来公众可能会因为如此知名的美国公司只是为了避免向美国政府交税,而从本地连根拔起表示不满,这让董事忧心忡忡。

但是这个想法并没有完全贬值。在接下来的几周中，贾纳接着与沃尔格林的团队会面，并推动倒置建议以及执行该对冲基金的其他提议。与此同时，沃尔格林管理团队、联合博姿的代表以及双方的顾问继续研究进行倒置的可能性。

6月24日，在一次电话会议宣布公司财务结果时，沃尔格林的管理团队表明正在坚持执行贾纳提出的几个提议，其中包括与管理团队一起提前进行并购联合博姿的最后阶段，削减开支并重新评估沃尔格林的资产结构。然而，关于倒置的决策并没有定论。

一周后，董事会创建了特别交易委员会，负责执行深入的产业、金融、法律和关于倒置的竞争性启示分析。委员会由独立董事比尔·富特作为主管，成员包括南希·施利希廷和大卫·布雷勒。该委员会存在的主要目的在于对倒置的风险和利润进行评估，并为董事会提供建议是否要进行倒置行动。

在经过大量讨论后，委员会于7月30日的会议上对沃尔格林董事会提出建议。委员会不认为倒置能通过美国国税局和财政部的审查，所以应该重新审视倒置行为的可行性并阻止该行为。委员会警告称，倒置可能会让沃尔格林面对长达10年的诉讼。董事会接受了这一提议。贾纳推动倒置的希望破灭了。

贾纳的B计划

2014年8月6日，沃尔格林宣布将在年末之前完成联合博姿交易的最后阶段。格雷戈里·沃森将成为新公司的首席执行官，斯特凡诺·佩西纳为执行副总裁，负责监管并购和处理策略方面的问题。他将向沃森进行工作汇报。沃尔格林还表示新公司总部将仍旧在芝加哥。公司将不会进行倒置的决定在投资者中并不受欢迎，股价因此下跌了超过14%。对于投资者而言，更糟糕的消息是公司将2016年营业额预期从85亿美元降至70亿美元。两天内，其股价下跌了20%。

因为没能推动税费倒置，贾纳的巴里·罗森斯坦决定迫使沃尔格林董事会给他一个席位。他说董事会还需要具有更多医疗保健和医疗保险产业相关知识的董事。

罗森斯坦交涉的一些股东曾在过去与激进主义者发生过争执。马克·弗里索拉自2009年便在沃尔格林董事会任职，当时正与卡尔·伊坎以及其他激进主义者针对其在赫兹的首席执行官和董事长工作进行交战。贾纳也是赫兹的投资者，弗里索拉不得不面对同时在两家公司抵御罗森斯坦的艰难局面。另一个沃尔格林的董事史蒂文·戴维斯正准备用自己在鲍勃·埃文斯农场的首席执行官职务与激进主义公司桑德尔资产管理（Sandell Asset Management）一决胜负。

CtW投资团体公司治理董事迈克尔·普赖斯·琼斯表示："这就是让对冲基金肆意成长的结果之一。它们追求越来越大的目标，最终人们开始以不同的方式与它们相遇。这些董事会成员正通过自己的全职工作和董事职位阻止这些行为。如果你感觉你任职为首席执行官的公司在与对冲基金战斗时以失败告终，你会以何种心态对待你任职为董事并面临激进投资者的公司呢？"CtW是游说反对沃尔格林与联合博姿并购的联合退休基金团体的一个代表。

最终沃尔格林屈服了。2014年9月初，董事会同意让罗森斯坦成为董事，并允许贾纳推荐另一位董事成员。沃尔格林甚至表示贾纳可以对第三个董事候选具有最终发言权。这对贾纳来说是意外的成功。罗森斯坦和佩西纳一年前在伦敦首次会面后形成的亲密关系仍旧有所益处。

贾纳拥有不到1%的沃尔格林股票，但是它有效地控制了接近1/4的董事会席位。不仅如此，该对冲基金还无须面对公开争执以及高昂且浪费时间的代理权战争。这标志着激进主义者在董事会会议室的影响力逐渐攀升的新高潮。

到这时，大多数贾纳之前推动沃尔格林考虑的事都被放到了董事会上，或者经过仔细的考虑后被予以否决。与联合博姿交易的最终环节被提前进行。沃尔格林还宣布将会在2017年之前节省15亿美元的开销，以满足贾纳对节省运营开销的要求。与此同时，整个夏天公司都在对税费倒置并将总部转移海外的提议进行评估，最终因为美国财政部和美国国税局开始考虑打击此类行为而泡汤。现在罗森斯坦加入了董事会。贾纳下一个目标是用联合博姿的管理人员替换沃尔格林的高管团队。

安排好的联合博姿

夏天早些时候，沃尔格林已经解雇其首席财政官韦德·密克隆。他亲自参与了与贾纳的和谈，并在倒置计划上多次与该对冲基金代表发生冲突。但是，在他离开后，《华尔街日报》的一篇文章指出，他是因为会计失误导致公司修订其2016年营业额预期而被解雇的。

然而，如果沃尔格林或者贾纳认为密克隆很快会离开，他们就错了。2014年10月16日，密克隆提起名誉侵权诉讼，起诉沃尔格林让他承担预期错误的指责，并没有在接下来发刊的《华尔街日报》上支持他。到8月中旬这个事件浮出水面时，密克隆与招聘人员进行商谈，并被推荐了一系列高管职位。他声称自己是大型企业首席执行官的领衔候选人，但是因为《华尔街日报》报道的事件而错失机会。

在诉讼中，密克隆称自己在沃尔格林饱受好评，沃森曾告诉他自己将会成为首席执行官的继任者，并受到推荐在并购后任职监管新联合公司全球运营的总经理。但是密克隆称他对从首席财政官变为总经理不感兴趣，因此自愿离职。

密克隆声称自己在夏天早些时候在电话会议中受到了一位激进投资者的威胁（他并未说明具体是谁），沃森和其他高管也参加了这次会议。密克隆称激进主义者推动公司进行税费倒置（这是密克隆强烈反对的策略），而且如果他不提高2016年的营业额预期，其他两个特定的激进主义者将会"不顾一切让他出局，其中包括污蔑（密克隆）和公开侮辱（原话）"。密克隆表示该激进主义者接着补充:"如果采取相关行动,我将不会感到意外。"

这起诉讼对沃尔格林来说非常难堪。通过一批个人邮件、短信和其他对内沟通内容(包括手写的笔记)有着强有力证据的资料罕见地将目标锁定在全球最大的公司之一的高层个人恩怨上。这些指控也非常严重。密克隆声称自己受到来自沃森和主要投资者的压力,不得不乐观地描述沃尔格林的金融状况,以便其在准备完成联合博姿的交易时让公司看起来处于一个更有力的位置。

沃尔格林试图紧急封锁在密克隆诉讼中所谓的机密公司信息。公司还质疑密克隆的一些说法,认为他的离职并非"完全自愿"。

沃尔格林和联合博姿的管理团队很热衷于确保诉讼带来的任何负面影响不会阻碍交易计划,它们想要在几个月内完成该计划。密克隆的诉讼特别是对沃森有极大的损害,他很想确保自己前几年在联合博姿交易上做出的努力不会白费。

但是沃森并不能在公司待到可以监管联合公司。12月初,沃尔格林宣布交易结束后沃森将会退休,斯特凡诺·佩西纳将成为临时首席执行官,而董事会将会寻找替代人员。这意味着沃森在沃尔格林长达34年的事业将会终结,他还是药学院学生时便在这家公司实习了。就在6个月前他还被宣布将成为未来全球最大制药公司的首席执行官,现在他要为曾经想要并购的公司高管让位了。

然而,当8月公司宣布沃森将会继续任职首席执行官时,这个决定似乎有了大逆转,分析师对此并不感到意外。他们知道佩西纳在像贾纳这样有影响力的股东中有多么受欢迎,并听到流言蜚语说这些投资者对沃森和他的领导集团非常不满。

交易于2014年12月31日完成,创建了沃尔格林-联合博姿公司。2015年前6个月,佩西纳和贾纳用联合博姿的人员替换沃尔格林高管的长期计划全面开始。公司法律总顾问托马斯·沙巴蒂诺加入赫兹,并被马尔科·帕尼代替（帕尼在联合博姿有着相同的职位）。蒂莫西·麦克里维奇5个月前代替韦德·密克隆成为首席财政官，他离职并被在联合博姿的对手乔治·费尔韦瑟所替代。因为麦克里维奇辞职并曾非常有效地担任临时首席执行官，他将会作为贾纳候选人成为康尼格拉公司的董事会代表。沃尔格林的首席信息官蒂姆·特里奥特也离开公司，并被另一个联合博姿之前的高管安东尼·罗伯茨代替。

在大多数情况下，离开的高管都能得到很高的薪酬。密克隆辞职的时候原本应该得到320亿美元的遣散费以及120亿美元用于买断年度收益，但是在他起诉之后公司对此提出了质疑。他的继任者麦克里维奇在5个月的任职中收到了250亿美元的限制性股票。

董事会还见证了许多人的离职，4个沃尔格林长期董事在2015年前6个月辞职，其中包括马克·弗里索拉和史蒂文·戴维斯。这两人最近也在基金主义运动后，分别从赫兹和鲍勃·埃文斯的首席执行官岗位上离职。

戴维斯成为沃尔格林－联合博姿首席执行官搜寻委员会的领军人物。2015年6月，也就是戴维斯离开一个月后，斯特凡诺·佩西纳被任命为全职首席执行官。罗森斯坦和佩西纳的计划完成。

罗森斯坦在当时的投资者会议上称："沃尔格林收购了联合博姿，但是实际上情况可能完全相反。我们对沃尔格林管理团队进行了清洗，现在所有事情都受联合博姿的人员掌控了。"

| 第10章 |

联盟信托千钧一发之际停火

被下毒的金杯

凯瑟琳·加勒特·考克斯非常喜欢她刚刚收到的金香槟瓶，上面刻着"凯歌香槟商业女士奖"。作为苏格兰第六大上市公司联盟信托的首席执行官，加勒特·考克斯度过了艰难的几个月。但是现在最糟糕的事看起来似乎已经结束了，她作为2015年商业女士似乎是她所做努力的合理回报。

然而，这个荣誉是带着包袱的。人们并未将其看作金瓶，而是更多地看成有毒的香槟，因为之前的几个得主都在获得这一殊荣后遭遇了不幸。上一个得主哈丽雅特·格林在得奖后6个月从旅游集团托迈酷客首席执行官的岗位上离职。1988年，Sock Shop 的创始人索菲·米尔曼在赢得该荣誉后6个月内被迫从该零售公司主管岗位上辞职。与此同时，芭芭拉·卡萨尼在赢得2002年商业女士称号后6个月内丢掉了工作，当时她的廉价航空 Go Fly UK 违反其意愿被易捷航空收购。

加勒特·考克斯接受这一奖项时坚定地认为自己不会遭遇同样的命运。

麻烦重重的折扣

到 2015 年，凯瑟琳·加勒特·考克斯将这 10 年来的大部分时间都用来把有 127 年历史的信托联盟公司转变成为一个现代化、注重国际化的金融服务产业。当时她被苏格兰的媒体称作"伟大的凯瑟琳"。她是伦敦金融城的著名人物，2007 年她将联盟信托公司迁移到苏格兰的安格斯郊区，并成为首席投资官，后来又成为联盟信托的首席执行官。该投资信托公司（资产达 33 亿英镑的公开上市的基金公司）是英国最大的投资管理公司，其总部在伦敦和爱丁堡之外的金融中心邓迪，使其带有狭隘的地域性思想。在加勒特·考克斯的领导下，联盟信托扩展了其在伦敦的运营，她本人在 2014 年独立公投上支持苏格兰留在英国，虽然邓迪的居民强烈支持苏格兰离开英国。

但是成为更大的全球品牌会迎来来自全球投资者的额外审查，尤其是激进对冲基金。当公司股价下跌至远低于公司管理的净资产时，像联盟信托这样的投资信托公司就会频繁地吸引激进主义者的注意力，这就是所谓的交易折扣。这样的投资信托董事通常有很大的降低折扣的压力，这让他们在面对激进主义者的强烈威胁时变得更加脆弱。联盟尤其吸引激进主义者注意，因为其折扣要比其他的投资信托公司更大。

> 联盟尤其吸引激进主义者注意，因为其折扣要比其他的投资信托公司更大。

2011 年，总部位于马恩岛的对冲基金 Laxey Partners 拥有不到 2% 的联盟信托的股票，它要求董事会采取措施降低当时 20% 的折扣率。Laxey Partners 严重批评了联盟信托公司的投资表现，认为它应该雇用外部基金管理人而不是依赖自己的内部投资团队。Laxey Partners 还要求进行股票回购，这将会减少公司股票的数量。此举将会抬高股价，从而导致折扣率降低。Laxey Partners 谴责联盟信托在加勒特·考克斯的带领下表现不佳，并要求她辞职。该对冲基金在 2011 年和 2012 年将这些提议带到股东投票会议上，但是两次都被充分的理由拒绝了。

然而，Laxey Partners 的努力吸引了另一位激进主义者的注意，那就是与价值 250 亿美元的美国对冲基金同名的其英国分支埃利奥特顾问公司（Elliott Advisors），该公司以进行激进战争而闻名。2011 年，埃利奥特购入了联盟信托的少数股票，但是并没有参与 Laxey Partners 的战争而是站在一边旁观。它已经专注于其他对抗欧洲公司的战争中了，包括英国长途汽车运营商英国国家快运公司，以及瑞士的生物科技公司爱可泰隆。

但是埃利奥特于接下来的几年内仍旧在联盟信托进行投资，虽然其投资表现仍旧令人失望。每年埃利奥特的投资组合经理都会与联盟信托其他大型股东进行会面，并讨论联盟信托怎样才能改善自己的运营表现。整个 2014 年，因为苏格兰独立公投情况仍旧不明朗，这导致其股价下跌，埃利奥特提高了其控股。到 2014 年年底，它已经积累了 12% 的股权，成为联盟最大的投资者，并认为是时候积极地参与其中了。

过去三年，埃利奥特的英国资产组合经理乔纳斯·吕德尔和联盟信托董事长卡琳·弗瑟克每几个月进行一次会面。吕德尔通常会问联盟信托正在做什么工作来改善其投资表现和股价，以及削减开支。到此时，联盟信托的股票交易价格与其资产价值相比有 14% 的折扣，其同行平均有 7% 的折扣。埃利奥特推动弗瑟克回购股票，这也是联盟信托公司所做的事。公司还重建了信用，并对其股权投资团队进行了削减。

但是到 2014 年 12 月，埃利奥特仍旧有疑虑，联盟信托是否在改善其投资表现上做得足够多并减少其折扣力度。吕德尔给弗瑟克写了一封信并这样告诉她："我希望对你来说并不意外，假如我们推断出现有的董事并没有准备好考虑符合股东最好利益的选择性策略，那么我们就要开始为董事会评估潜在的新董事候选人了。"

在接下来的几个月中，吕德尔和弗瑟克多次交换信件，吕德尔对弗瑟克关于他问题的回复逐渐感到失望，吕德尔所问的就是联盟信托会怎样进行计划以改善其不良表现。

2015年2月上旬，吕德尔和其团队与联盟信托的高级独立董事阿拉斯泰尔·克尔进行了会面。据吕德尔所说，在会议上克尔告诉埃利奥特的代表这是其除了在年度会议的社交场合以外，第一次与联盟信托公司的投资者见面。他还说自己的非执行董事同事是从联盟信托的管理团队和弗瑟克手中才得到了所有关于股东的看法。吕德尔相信这显示出联盟信托董事会在管理上有缺陷，因为非执行董事和股东之间没有进行对话。埃利奥特认为改变董事会等级非常必要。

> 埃利奥特认为改变董事会等级非常必要。

到3月中旬，在与凯瑟琳·加勒特·考克斯和弗瑟克进行了一次不愉快的会议后，埃利奥特决定采取更具有对抗性的办法。该对冲基金宣布将会为联盟董事会推荐三个候选人，在当年4月29日的股东会议上进行选举投票。这个名单由三个伦敦金融城的显贵人士组成，被高管搜寻公司Spencer Stewart一起提交上来，这三个人分别是：Legal & General投资管理公司的资产管理主管彼得·钱伯斯、投资银行华宝银行（SG Warburg）的前行政官安东尼·布鲁克以及摩根建富的前董事罗里·麦克纳马拉。摩根建富在1990年被德意志银行收购。联盟信托公司召开年度大会前六周时，代理权战争打响了。

散户投资者的重要性

埃利奥特从Laxey Partners失败的战争中得到了教训，因此采取了不同的办法。首先，它在公司内部构建了比Laxey Partners更大的股票基础。这意味着其不仅能控制更多的股票数，而且能更深入地参与到游戏中，而如果公司能做出更多承诺的话，其他投资者便会更乐意埃利奥特成为联盟信托最大的股东。埃利奥特没有像Laxey Partners那样要求联盟信托在运营上做出改变，而是试图在董事会中增加自己的代表。埃利奥特对联盟信托公司近期的雇用状况进行了批评，认为公司高层职位都由内部候选人担任而并未进行外部推选。它还控诉联盟信托董事会内部关系太过紧密。但是与 Laxey Partners 发动的代理权战争最大的不同在于，埃利奥特从未公开要求凯瑟琳·加勒特·考克斯离开。埃利奥特认为联盟信托的大多数英国投资者不会容忍一个难缠的美国对冲基金要求他们开除一个享有盛誉的英国首席执行官。

埃利奥特宣布其董事会候选人名单时已经为代理权战争进行了几周的准备。公司已经让代理推销组织布迪卡（Boudicca）代理顾问，创立热线电话与联盟信托股东进行通话。它还专门制作了一个网页以招揽投资者同事的支持，即 ImproveAllianceTrust.com（改善联盟信托）。

联盟信托和埃利奥特都知道的是这场战争与大多数激进主义者进行的战争非常不同，因为联盟信托股东中个人投资者占了很高的比例。这 50 000 位散户投资者手中持有 70% 的联盟信托股票。大多数人都持股很多年了，有很多家庭几代人都留着股票凭证。

散户投资者主要可以分成三个部分：注册股东，这些人通常持有客观存在的股票凭证，他们的名字和联络方式被记录于公司的股票名册上；仅进行执行动作的代理人的客户，在这种情况下，中间人只提供股票交易账户而非其他内容；自行支配财富的经理，这些经理在进行股票交易的同时提供投资建议。

在大多数公司的股东投票中，散户的投票人数都非常少，通常不到 2%。尤其是后两类散户投资者，他们几乎不能投票，因为他们并未进行股票注册，因此公司不能与他们进行接触并鼓励他们投票。

因为联盟信托公司 70% 的股票掌握在散户投资者的手中，得到这些选民的支持是联盟信托和埃利奥特代理权战争的关注点。埃利奥特代理推销公司布迪卡总经理谢乐尔·奎西亚回忆时称："大多数联盟信托的个人股东都不在交易账户名单上，所以就算可能的话得到他们的姓名和联系方式等相关信息也非常困难。"

媒体斗争

在埃利奥特发动的代理权战争遭受的早期阻碍中，《每日电讯报》揭露称埃利奥特三位候选人都有潜在的利益冲突。2011年，彼得·钱伯斯接受了联盟信托董事长职位的审核，接着就是卡琳·弗瑟克，而安东尼·布鲁克娶了联盟信托的一位前董事。与此同时，罗里·麦克纳马拉与之前将目标放在联盟信托公司的对冲基金 Laxey Partners 有亲密的关系。

投资信托公司选择在这个时候继续进攻。2015年3月20日，伦敦证券交易所在一份声明中表示，联盟信托声称埃利奥特有个短期议程，想要推动改革允许其快速撤出投资并挣得可观的利润。投资信托表示埃利奥特多次建议联盟信托公司应该对其40%的已发行股票进行招标，以其净资产价值最多5%的比率进行折扣。但是联盟信托公司称这样的举动在长期看来将会有害无益。

当时弗瑟克在一份声明中表示："埃利奥特提出的解决方案完全是不能接受的。董事会认为这些提议是未来埃利奥特破坏行动的预兆，它只关注如何撤出公司持股而不关心我们所有股东的利益。"

与此同时，首席执行官凯瑟琳·加勒特·考克斯为自己以往的成绩辩护，表示她已经为节省联盟信托开销做了很多努力，而公司可用资金已经不多了。她看到联盟信托已经不再死气沉沉，认为公司已经开始有所改善。到此时，联盟信托公司阵营开始建立自己的网页——SupportAllianceTrust.com（支持联盟信托）。

但是联盟信托基金的反应最开始看起来产生了反效果。公司一位最大的股东（拥有4.4%股票的投资经理布鲁因·多尔芬）对联盟信托"见利忘义的运动"策略给予了批评。格拉斯哥《星期日先驱报》评论称，布鲁因·多尔芬的投资主管约翰·纽兰兹对投资信托给出了警告："我们都是联盟信托公司的支持者，但是我们也准备聆听其他声音。"

因为联盟信托公司股东中个体投资者占了很高的比例，双方都试图通过媒体传递信息。战争因此比典型的英国激进主义者介入的方式更高调，因为以往大多数都是在私下里进行的。乔治森公司的首席执行官卡斯·塞多拉威兹（Cas Sydorowitz），也是联盟信托公司的代理推销员，他说他对公共关系专家对所谓第三方科技的过度使用感到很意外。这也是看起来没有直接参与到战争中的个体挺身而出的地方，他们代表其中一方。他们会经常受到参与战争的人的鼓励，塞多拉威兹说："人们不知道从哪里一下子冒出来了，他们公开发表评论并对双方的观点表示赞扬。在这场战争中，你能看到比英国其他战争涉及的更广泛的利益相关者都参与其中。"

2015年3月的最后一周，联盟信托公司被多方批评。独立股东游说团体ShareSoc公开控诉，认为联盟信托公司并未考虑埃利奥特的候选人，便对其出重拳。联盟信托前董事蒂姆·英格拉姆三年前被迫离开公司，通过向其股东发布公开信开展自己的报复行动，鼓动他们为埃利奥特的三位候选人投票。他批评联盟信托运营表现"惨淡"，并认为如果公司使用外部管理人的话，情况将会更好。英格拉姆还对加勒特·考克斯的薪酬情况进行了攻击，自从他离开董事会后，这个数字增加了一倍至140万英镑。他说加勒特自从成为首席执行官后得到了超过600万英镑，然而在此期间联盟信托公司的表现很糟糕。

过度游说

当代理权战争开展到4月时，双方继续进行贸易压制。联盟信托给股东发布了几份文件，对埃利奥特以往在公司投资的成绩进行了攻击，同时还声称自己的投资团队在过去6个月内表现好转。埃利奥特用一份12页的辩驳文件对联盟信托的批评进行了回应。文件中还特别谈到了凯瑟琳·加勒特·考克斯，认为自从她在2008年成为首席执行官后，联盟信托6年内有5年表现不及其竞争对手公司。

双方都从许多同盟中获得了支持。认同埃利奥特对加勒特·考克斯薪酬待遇批评的是公司治理顾问公司——退休金和投资研究顾问（PIRC），它掌握超过1.5亿英镑的资产。PIRC称股东应该在年度大会上投票反对她的薪酬待遇。

与此同时，埃利奥特的候选人得到了代理顾问ISS的支持，该顾问批评了联盟信托的表现和开支情况。ISS称对候选人独立于埃利奥特这一点很满意，他们是董事会欢迎的新董事。代理顾问格拉斯·刘易斯认为投资者应该仅为埃利奥特的一位候选人投票，那就是彼得·钱伯斯。格拉斯·刘易斯称其他两个候选人都有"公司治理问题"：安东尼·布鲁克在另一个董事会的薪酬委员会上存在问题，罗里·麦克纳马拉的问题则在于他所在的其他委员会能否给他足够的时间致力于为联盟信托公司服务。

同时，联盟信托公司的前任董事长莱斯利·诺克斯给《星期日电讯报》写了一封信表示自己将会投票反对埃利奥特的候选人，称她认为该对冲基金的投资时限太短，不能与联盟信托公司更广泛的股东基础保持一致。联盟信托还收到了其第三大投资者漫画 The Beano and The Dandy 出版人 DC Thomson 以及几家苏格兰报纸出版商的支持，其拥有5.5%的股份。

联盟信托公司的代理权战争和英国大选都进入了游说的最后关键阶段——政治和经济世界在融合。苏格兰民族党的主席尼古拉·斯特金对联盟信托公司阵营给予了策略性支持，她给凯瑟琳·加勒特·考克斯写信表达了自己对激进对冲基金短期性特质的担忧。联盟信托还收到了来自几个知名商业人士的支持，其中包括联合利华集团的首席执行官保罗·波尔曼以及英国武器制造公司BAE董事长罗杰·卡尔。

但是在2015年4月末，股东投票前一周，联盟信托遭遇了重大挫折。公司两个最大的投资者（安本资产管理公司和英国法通保险投资管理公司，一共拥有约4%的股票）透露它们将会支持埃利奥特。这意味着该对冲基金现在拥有几乎所有联盟信托最大股东的支持。只有邓迪的近邻 DC Thomson 公开支持联盟信托公司。

联盟信托和埃利奥特现在都可以估测出最大的投资者愿意支持谁,但是仍旧不明朗的问题是最大的支持者——拥有超过2/3股票的50 000个散户投资者将会站在哪一边,甚至他们是否愿意进行投票。

英国激进战争的另一个非典型性举动就是埃利奥特雇用了自己的股份登记员。埃利奥特向股东分发了自己的代理投票卡,要求他们填好并交给自己的登记员,而不是联盟信托公司选择的登记人员。这意味着和大多数在英国的激烈选举不同,持异见的股东能够更好地得知散户投资者将会怎样在股东大会上进行投资。激进主义者通常会进行出其不意的攻击。

年度股东大会的前一天,虽然投票时间非常接近了,但是双方都很清楚地知道,埃利奥特积累的足够多的支持应该受到重视。该对冲基金为联盟提供了最后的折中方案——这次信托投资董事会愿意进行交易。作为埃利奥特终止代理权战争的回报,联盟信托公司将两个对冲基金的候选人带进董事会,并将会寻求另一位独立董事加入进来。然而,埃利奥特清楚地表示首席执行官加勒特·考克斯和她的管理团队还在试用期。如果联盟信托公司的运营表现无法在一年内有所改善,该对冲基金将会回头继续代理权战争。

香槟后遗症

2015年4月28日在邓迪Gardyne剧院召开年度大会后的第二天,股东以一片嘘声迎接联盟信托管理团队。在这个现代礼堂聚集的个体投资者团队被否决了针对这场交易是否符合自己利益的投票机会。许多人难以置信这场进行了6周的代理权战争(包括公开推动以及公关专家、代理和顾问的运用)花费了公司300万英镑。后来进一步激怒投资者的是新董事安东尼·布鲁克在会议上发表的评论,他说他"除了从媒体上得到的信息,对联盟信托公司一无所知"。

而联盟信托董事会作为妥协提供了一份协议,许多公司股东认为对于埃利奥特来说这是很明显的成功标志。在这件事的余波中，曾与乔纳斯·吕德尔一同为埃利奥特发动的代理权战争工作的投资组合经理马克·莱文受到了赞赏，他显示出这家在美国以进行激进战争闻名的对冲基金能够适应英国更不具有攻击性的商业世界。莱文和吕德尔曾经研究过 Laxey Partners 的运动，运动中凯瑟琳·加勒特·考克斯试图通过短期控诉以及嘲讽其是局外人来避免对冲基金的广泛需求。这次埃利奥特采取了更为温和的措施。该对冲基金没有要求加勒特·考克斯从其主管岗位上离职，而是为董事会推荐候选人，对关于如何改善不良投资表现提供新的看法。结果，埃利奥特说服大多数联盟信托的主要投资者支持自己的战争，并意外地从更多个体股东手中得到了支持。

埃利奥特公关顾问 Camarco 的合伙人爱德·加斯科因·佩斯称："埃利奥特的手段（他们并没有强迫进行特定行动，但是表示人们需要再次进行思考即将发生什么）很好地引起了共鸣。在面对投资信托公司时运用一种不那么激进的方法是特别重要的，因为你应对的是人们长期握在手中的投资，所以环境相对更加安定平稳。"

然而联盟信托公司的退步并不能足以推迟年度商业女性奖项的评选，加勒特·考克斯在召开股东大会两周后获得了这个称号。加勒特·考克斯在接受这一奖项后接受《金融时报》采访时称："每个做生意的人都会经历起起落落，关键在于你要怎样处理这些沉浮。"

然而接下来的几个月，联盟信托的投资表现经历了更多衰败而非兴盛。公司的中期年度营业额并不理想，被竞争对手甩在后面。与此同时，埃利奥特提高占股至14%，并继续在幕后施压。虽然这种和解意味着埃利奥特在2016年5月年度股东大会之前不能对联盟信托公开发表贬低言论，但是这没有阻止对冲基金继续在私下里会见其他股东和联盟信托管理团队。

最终，联盟信托公司屈服并于2015年10月宣布其127年历史中最富有戏剧性的改革。公司同意削减20%开销，并运用股票回购来减少折扣。联盟信托还从主要的信托公司分离出其基金管理分支，并表示会有委员会对信托进行监管。如果公司运行表现持续不佳，委员会有权力进行6个月公告后辞掉内部投资团队。

联盟董事长卡琳·弗瑟克在一份声明中表示，作为重组的一部分，董事会将会完全独立，并仅由非执行董事组成，这意味着加勒特·考克斯将会失去自己的席位。弗瑟克称，加勒特·考克斯已经从整个联盟信托的首席执行官（这个职位已经被取消）降职为基金管理分支的主管。弗瑟克自己也在两个月后从董事长岗位上辞职。

在接受奖项后6个月内，加勒特·考克斯成为凯歌香槟奖诅咒的最新受害者。

| 第四部分 | 结 论

BARBARIANS IN THE BOARDROOM

| 第11章 |

激进主义者示威游行

美国的新兴之城

目前在本书中,我们已经详细地对近几年几场非常知名的激进战争进行了分析。在每个案例中,激进主义者都获取了不同程度的成果,从获得董事会席位、对目标公司策划完整的改革,到在价格高昂的代理权战争和收购战争中失败。我们还看到了激进主义者目标公司不同的反馈,从直接的拒绝到与自己的诉求者建立亲密的关系。我们看到首席执行官丢掉自己的职位,董事丢掉自己的座席,同时他们的公司被迫辞退工作人员,给股东返回更多的钱,从公司剥离出分支甚至是出售公司。

这些战争大多数发生在过去5年中,在此期间对冲基金主义经历了一系列重大变革,不仅在投资者和公司之间互联的方式上产生了深远的影响,还对激进主义者自身的未来有深刻的影响。在本章中,我们将会了解是什么促使美国激进主义者构架的形成,它又是如何发展的。接着我们将会注意到激进对冲基金有哪些机会能够将自己的影响散布至欧洲和亚洲,这些地方通常被视为滋养激进主义者发展的沃土。

山头的金子

在过去5年里，美国对冲基金出现了一股热潮。当时许多投资策略没能带来有力的回报阻止投资者发动战争，激进对冲基金成为罕见的亮点。在此期间，少数激进主义者备受瞩目的成功极大地提高了其整个团体的知名度。这使得更多投资者将自己的钱交给激进主义者管理，结果激进主义者控制的资产（即他们的经济力量）剧烈地膨胀。

> 在过去5年里，美国对冲基金出现了一股热潮。

激进主义者团体是自2012年以来所有对冲基金领域中每年表现最好的部分之一，其公司和管理者成为美国商业中最家喻户晓的名字。

据对冲基金研究公司数据显示，2012年激进主义基金公司平均回报率达20.9%，2013年是16.1%。这个数字要比所有对冲基金平均回报率（2012年为6.4%，2013年为9.1%）都高。2014年出现了类似的状况，激进基金回报率为6.4%而所有对冲基金平均回报率为3%。2015年上半年，激进主义者回报率为5.3%，而所有对冲基金回报率为2.5%。

虽然这些数据非常可观，但是它们并不能说明所有情况。对冲基金研究公司的数据源于最大的74家激进主义基金——这些公司掌控基金超过5000万美元，这几年来获得了相应回报。因此，许多规模更小的新兴基金就没有出现在对冲基金研究公司的数据库中。大多数这些新兴公司缺少知名度以及和现有玩家的联系，因此它们发动代理权战争的效果不佳。对冲基金研究公司的数据还基于算术平均数，但是中间回报率要略低一些。这意味着少数尤其成功的基金拉高了平均值，但是大多数基金的表现位于这个标准以下。例如，潘兴广场的一份基金2014年在比尔·阿克曼对艾尔建和康宝莱发动代理权战争后表现非常抢眼。其回报率达到40.4%，成为当年所有对冲基金策略中最佳表现者之一。与此同时,另一位强有力的玩家价值表现在2000～2014年扣除费用后平均年回报率为17%。

当激进主义者像潘兴在2014年经历尤其强势的阶段时,其不仅会增加整个激进对冲基金团体的平均回报率,还会增加其策略知名度,投资者会给它们更多的钱来管理。在对冲基金研究公司数据中有74家激进对冲基金到2015年中期共掌有1300亿美元,这个数字要比2012年翻了一番。

资金的流入对激进主义基金在其运营方面有非常重要的影响,因此导致的一个结果就是最大的上市激进主义公司发现很难运用自己不断增加的基金。有些公司选择将目光投向海外寻找新公司作为目标,而其他则决定限制新基金流入的数量。例如,贾纳伙伴在2014年春天关闭其新投资的最大基金。

另一个资本流入的结果就是一系列新基金公司的建立。正如1849年在加利福尼亚北部发现金子的事吸引了全美乃至全世界成千上万想要发财的人,资金向激进主义基金的流入也吸引了不少新玩家。Activist Insight公司的数据显示,2011年全球有118个激进主义投资者卷入战争中,这个数字从2014年的293个增加到了2015年的378个。这些团队规模大多数都很小,十几家公司占了整个激进主义基金团队大部分资产。

许多新兴基金被那些与最致命的激进主义者并肩作战的人放到一块,以学习他们的技巧,然后单枪匹马进行战斗。比尔·阿克曼两个前任副手就采取了自己的行动。2012年,斯科特·弗格森离开潘兴广场基金创立了Sachem Head Capital Management公司,而米克·麦圭尔在2010年创立了Marcato Capital Management公司。这些由潘兴孕育的管理人手中都握有大约30亿美元。

与此同时,曾是卡尔·伊坎门徒的基思·迈斯特,2008年受伊坎推荐进入雅虎董事会,他在2010年年末创立了自己的基金Corvex资本。在最初创立的几年内,其成功吸引到大约80亿美元的资金,这些资金主要来自大型投资公司索罗斯基金管理和黑石集团。伊坎的另一位自立门户的伙伴是尼克·格拉齐亚诺，他在2013年创立了Sarissa Capital。最近，第三代激进主义基金开始出现。2015年4月，曾在伊坎的指导下与迈斯特一起工作的Corvex合伙人尼克·格拉齐亚诺，宣布将在2016年创建自己的公司。

但是对冲基金的员工并不是唯一想要取得成功的人，也有少数分析师、律师和银行家已经注意到激进主义者做了什么，他们中的一些人又是多么成功，因此这些人想要寻找自己的机会。在一个案例中，两个长期服务于摩根大通的交易人道格拉斯·布朗斯坦和詹姆斯·沃尔瑞在2015年1月创建了自己的激进主义对冲基金哈德森执行资本。他们认为能够运用自己与公司高管和董事一起工作过的经验实施更有建设性的激进主义模式。

近几年来，资金流入激进主义基金的另一个结果就是现在激进主义者将目标放在了越来越大的公司上。早期的激进主义者专门针对中小型产业，但是他们开始追逐热门证券企业。辉盛公司的数据显示，2011年市场资本化下美国激进主义者目标公司规模的中间值为1.93亿美元，到2013年这个数字涨到了4.75亿美元，而到了2015年这个数字飙升至7.75亿美元。

少数更为知名的激进主义者的基金年资本增长最多，他们承受着压力去寻求更大的目标。2015年10月，就在没能得到杜邦董事会席位几个月后，纳尔逊·佩尔茨揭露称第三点基金管理公司已经购入通用电气价值25亿美元的股票，这意味着其拥有这家美国大型联合集团约1%的股份。通用电气是激进主义者曾针对的第三大公司（继伊坎对苹果公司和ValueAct对微软进行努力后的第三次尝试），也是特里安曾经进行过的最大投资。

与此同时，新兴基金也正通过对大型企业发动大胆的代理权战争为自己提高知名度。一场大型的胜利将会大大提高其知名度，也可能会带来资本流入。在这个逐渐变得拥挤的领域中，甚至和一场重大的代理权战争有关联都能提高知名度。具有多样化策略的对冲基金偶尔也会涉足激进主义战争。因为缺少经验的玩家越来越多，他们像加利福尼亚淘金热时后到的业余勘探者一样，许多人可能都失败了。有些将会苦苦寻求足够的资本以发动战争，而其他人则可能在挑选目标时做出错误的决策，结果在代价高昂的代理权战争中落败。

虽然自2011年激进主义者掌管的资金增长了一倍，但是他们目标公司的规模中间值翻了两番。这意味着他们追求的目标更大，而购入的公司股票却更少。辉盛公司的数据显示，2011年，激进主义者在目标公司平均持股为10.3%，而这个数字在2015年降至8.1%。

在该趋势中，激进主义者在美国发动更多的代理权战争时手中只拥有不到5%的股票。因此，他们能够在公司中进行合理数量的投资，并可以在不通过美国证券法要求提交的13D文件公开自身状况的情况下游说其高管和经理进行改变。像在微软和沃尔格林发动这样的战争，ValueAct和贾纳分别以不到1%的持股得到了董事会席位，这激励更多对冲基金去尝试类似的行动。辉盛公司的数据显示，2011年美国有63起代理权战争是在激进主义者持有不到5%的目标公司股票的情况下进行的，2015年前9个月这个数字涨至115起。在所有代理权战争中，有不到1/4的激进主义者持目标公司股票不到5%。

甚至连规模最大、利润最高的公司都难逃激进主义者的审查。

> 甚至连规模最大、利润最高的公司都难逃激进主义者的审查。

实现和平

ValueAct在微软的运动不仅是激进主义者怎样追求较大的公司的一个案例，也是对他们的目标公司处理侵害型激进主义者的一种激励。微软通过将ValueAct的梅森·墨菲特带进董事会，成功阻止了潜在非常具有破坏性的代理权战争，当时它需要将注意力放在寻找一位合适的新首席执行官上，以安抚不满的投资者。

近几年来，和解协约的签订数量有明显增长。辉盛公司的数据显示，

2012年约有35.1%的美国激进主义运动最终以对冲基金和公司的停战结束。2015年，这个数字涨到了51.7%。许多董事会都很关注达登董事的命运（该董事会因为与Starboard Value的战争而被彻底摧毁），并认为与激进主义者讲和，给他们一个或者两个董事会席位要比冒险进行毁灭性的代理权战争更容易。

美国公司也很快与激进主义者达成和解。Activist Insight公司的研究显示，从激进主义者最初宣布意图到其与董事会达成和解平均需要56天，2010年的时候这个时间还是83天。卡尔·伊坎仅在表达自己诉求后18天，就在2015年8月通过和谈获得美国谢尼埃能源公司两个董事会席位。也是在那个夏天，纳尔逊·佩尔茨宣布特里安在西斯科公司积累7.1%的股票仅6天后便能够获得两个董事席位。

更短的和解时间不仅显示出董事会更想尽力达成和解，也揭示出激进主义者现在更想在提交13D文件之前与目标公司进行和谈。例如，在2015年9月ValueAct的杰弗里·乌本受邀加入21世纪福克斯公司董事会之前，他花了大量时间了解运营公司的首席执行官鲁伯特·默多克的家族成员。

这还显示出激进主义者在与公司进行交易时改变了自己的基调：公开回应不再那么尖酸刻薄，充满对抗性的激进主义者试图以更为温和的方式赢得其他投资者的支持。更为柔和的基调还会引起激进主义者与其目标公司之间更为建设性的讨论。

> 激进主义者在与公司进行交易时改变了自己的基调。

有更多和解协约的另一个理由来自某些董事会的防御性措施。面对董事会候选人名单的异见，有些董事会认为其中有一两个提名人要比其他人更好合作。作为和谈的一部分，防御型公司将会提出和解方案，接受几个认为可以一起工作的候选人，而不是让所有股东冒险投票选出可能会造成冲突的人。正如我们在第6章中所提到的，杜邦董事会提议接受一两个特里安提名人，但是这个人选不能是纳尔逊·佩尔茨。双方没能达成和解，而佩尔茨差一点就在股东大选上赢得了席位。

在一些非常极端的案例中，当面对激进主义者进攻的时候，非常脆弱的董事会可能会与特定的激进主义者联系，他们认为这些人能更好地与其合作，并要求他们对自己的公司进行投资。他们的想法是如果最终会以激进主义者进入董事会会议室结束，至少他们能选择这个人是谁。通过挑选出一个友好的并长期精力集中的激进主义者（尤其是如果他们已经在公司大型投资者内部名气较高），董事会也会帮助公司避免受到自己不太熟悉的其他激进主义者攻击。

但是，总的来说董事会开始不过是在处理激进主义者方面采取怀疑态度。激进主义者或者他们的候选人可能确实会为董事会带来新鲜的看法和经验。他们可能还会与公司的大型股东建立更为亲密的关系，因此能够为这些股东的想法提供一些自己的见解。如果董事在公司策略上与激进主义者有不同的见解，他们会逐渐意识到，如果他们能被允许进入董事会或者得以和公司其他董事一样获取公司的机密信息，自己就能在劝服激进主义者相信自己的观点上做得更好。

> 董事会开始不过是在处理激进主义者方面采取怀疑态度。

和解协约增加的另一个原因，是董事更加习惯于在不同的董事职位和高管位置上与激进主义者进行合作。如果他们在过去有积极的经验，他们可能对再次与激进主义者或者此类人员合作不那么敌对。

然而，有些公司治理专家觉得这样的做法有些矫枉过正，董事会现在过于乐意与激进主义者和解，给予他们董事会席位并满足他们的要求。随着激进主义者在公司有了更大的影响，但是其手里持有的股份更少，有些人担心公司过于想要与这些小型投资者在目标和投资期限上达成一致，而这对于所有利益相关者的利益来说并不必要。

和解协约增加的一个结果就是代理权战争的减少。结果，即便最后确实导致代理权投票，公司仍有可能大获全胜。这是因为公司更可能在激进主义者手中拥有更大的力量时进行和解。投资顾问 ISS 数据显示，2015 年前 6 个月，激进主义者赢得了 46% 的代理权战争，而 2014 年整年的数据则是 67%。

最血腥、最激烈的代理权战争可能就发生在我们身后。

> 最血腥、最激烈的代理权战争可能就发生在我们身后。

最好的亦敌亦友

虽然激进主义者不断增加的资产给了他们更大的力量，另一个让他们在董事会会议室中影响力不断扩大的重要因素，是他们和大型机构投资者更为紧密的联系。这些影响力很大的股东最开始对激进主义者表示怀疑，但是最近几年他们更愿意支持他们。激进主义者和机构投资者更为亲密的联系让许多董事会感到被孤立从而变得脆弱，比如大型共同基金和退休计划。

很好地体现出这一运动的发展是 ValueAct 在金融信息供应商 MSCI 上，试图取得董事会代表权的行动。ValueAct 最开始在 2012 年 10 月投资 MSCI（最终在公司积累了 8.3% 的股票），接着在一年后公司开始寻求董事会席位。MSCI 进行了抵抗，2015 年 1 月 ValueAct 首席执行官杰弗里·乌本给 MSCI 的首席董事鲁道夫·瓦利写了一封信，表示他对自己的要求遭到拒绝感到很失望。

乌本进一步在信件中称："我们非常鼓励董事会直接与公司大型股东进行联系，无须管理团队或者顾问，以此得到他们有关管理表现的看法和在公司治理方面进行重大改革时他们的利益保障，其中包括 ValueAct 资本代表以及独立董事组成的改变。"

三周后，MSCI 在与其最大投资者进行对话后，给了乌本答案。公司不仅将会给 ValueAct 首席执行官一个董事席位，还会为该对冲基金另外提供两个董事席位。MSCI 戏剧性的妥协恰恰显示出激进主义者与机构投资者的紧密关系变得多么有力。

激进主义者和机构投资者几年来关系时好时坏。有些像 Relational Investors 和骑士资产管理这样的激进主义者最开始得到了如加州公务员退休基金那样的退休计划支持，这给了对冲基金建立以及成长的原始资本。但是，总的来说，最开始对冲基金和机构投资者只能建立很少的联系。其中一个主要的原因在于机构投资者害怕如果它们看起来与对冲基金合作的话，会触发资产组合公司的毒丸计划。大型投资者也对激进主义者很谨慎，他们认为激进主义者只关注短期目标，而且并不认为他们对公司的公众表态与其私下里偏好的公司计划相一致。

但是当公司放弃毒丸计划，激进主义者开始对大型资金管理者表示友好姿态时，激进主义者和机构投资者的关系就有所改善了。激进主义者开始精心策划其行动，使得其行动对机构投资者更有吸引力，他们还会展示自己为了创造长期股东价值，并关注目标公司的治理缺陷而准备的策划。

与此同时，许多最大的机构投资者正处于自己的投资者（退休计划成员和个人投资者）给予的压力之下，让其对自己投资的公司更加有责任感。近几年更加低廉的投资产品的兴起（比如低成本场内交易基金）给基金管理者增加了额外的压力，要求他们展现出更高的管理费用所带来的价值。

有些投资管理者（比如美国最大的资本管理者黑石集团）在公司治理团队时进行大量投资，这些团队专注于与自己投资的基金的董事会和管理团队建立友好关系。他们也与激进投资者进行对话。当机构投资者感到基金投资的特定公司并没有很好地负起自己的责任时，它们就会通过支持激进运动表达自己的失望。Activist Insight 公司的数据显示，例如高盛集团就在近 2/3 的代理权战争中与激进主义者站在一边。资本集团、摩根大通和富达投资集团都在一半以上的代理权战争中支持激进主义者，而黑石则在超过 1/3 的代理权战争中支持激进主义者。

但是情势开始急转，董事会现在更致力于努力建立与机构投资者之间更为紧密的联系。董事长、首席董事和高管越来越愿意在忙碌的代理权时期以外的时间与他们最大的投资者会面,以确保能够在激进主义者利用他们的问题做文章之前了解这些问题。

因此,激进主义者不经意间让董事会对自己的主要投资者更有责任感。如果这些努力能够持续下去的话,激进主义者可能发现更难激发紧张局势。

> 因此,激进主义者不经意间让董事会对自己的主要投资者更有责任感。

欧洲紧闭之门的背后

英国和欧洲大陆近几年来为了激进主义者的潜在兴盛做了很多。越来越多的激进基金中逐渐增多的资金流,让许多评论家怀疑是否有足够多合适的美国公司能够作为目标。因此,欧洲理论上被看作下一个寻找新目标的地方。

强大的美国激进主义者很少会试图向欧洲的公司推进自己的议程,但新闻报道对此举表示欢迎,认为至少这是美国向欧洲企业进军的开端。这些预测都是基于一个事实,那就是欧洲公司过去与其美国伙伴存在相似性,并在相同的资本市场上运营。投资管理的全球化意味着它们通常会共享很多投资者。另一个吸引欧洲公司(尤其是英国公司)的地方是针对股票的大量交易,这意味着对于激进主义者来说更容易在不被注意的情况下积累股票,也能够在事情变得糟糕时出售股票。

但是正如我们即将看到的那样,当美国激进主义者偶尔冒险穿越大西洋进行交易时,他们不仅会发现来自本土对手的竞争,还要应对比起以往来讲远不欢迎自己的文化。

英国的激进主义:可能,终会到来

因为其安格鲁-撒克逊与北美之间的联系,英国经常被认为是激进主义对冲基金的温床。但是到目前为止,这些预测都没有得到证实。英国公开的激进主义战争的数量近几年依旧维持不变，甚至有些减少。激进主义者 Activist Insight 公司的数据显示，2012 年英国有 38 次公开代理权战争。2013 年这个数字降至 27 次，2014 年为 21 次，2015 年则为 24 次。

英国国内激进主义者占该国激进运动者的大多数，并比他们的外国竞争对手有着更高的获胜率。Activist Insight 公司的数据表明，在 2010～2015 年英国公司开展的 163 次公开代理权战争中，由本土激进主义者领导的代理权战争至少获取部分成功的概率为 64.9%，而同样的情况下外国激进主义者的获胜率则为 48.7%。

美国式激进主义未能在英国成功登陆，以及其在近期内仍旧无法达到目标的原因有几个。最主要的原因是英国公司的股东要比美国公司投资的那些公司拥有更多的权利，因此他们并没有那么多理由采取或者支持激进主义战争。

2015 年，马上进入 2016 年代理权季，对于美国公司最大的话题就是让它们接受所谓代理权战争细则的压力。这些规则将会让那些在公司一定期限内（通常为 3 年）握有一定数量的股票（通常为 3%）的投资者，得以在公司股东年度大会的代理投票卡上推荐一定数量的候选人（大约占董事会的 1/4）。美国公司囿于来自投资者的压力准备接受这些规则。即使这些手段很少被投资者运用，但是英国公司对其并不陌生。

英国上市公司的投资者还拥有要公司董事会和股东召开股东大会的权利，只要他们拥有 5% 的公司股票，或者他们团队中的部分股东持有这些数量的股票。这对于美国公司而言并不是普遍享有的权利。虽然一些美国公司对此进行了相应准备，但是投资者要想明确地召开会议还有很大的障碍要跨越。

强烈的文化差异也揭示出为什么美国激进主义者很难在英国开疆扩土。部分原因是股东能够得到更好的权利，因此英国企业董事会和其大型投资者的关系更为紧密。比起相应的美国公司，英国董事更可能与股东进行定期会面和通话。英国和欧洲大陆的商业文化并不会让公司进行公开对抗。更喜欢夸大其词的美国公司发现自己与英国公司的其他投资者关系疏远,这些投资者认为美国公司公开对董事会和高管的恐吓威胁是非常令人反感的,这还会带来不必要的损失从而使股价下跌。

结果,虽然激进主义者在英国运营——国内对冲基金和海外分支——但是他们与所投资的公司进行的对话性质通常更为私密并且是在私下进行的。正如我们在第 10 章中讲的,埃利奥特顾问为了适应英国文化风俗而改变自己的手段。与美国公司典型的代理权战争相比(从冲突的位置开始,公开发表 13D 文件并对首席执行官和董事会发送言辞激烈的信件),英国大多数激进主义者开始会让已经非常熟悉对方的人进行心平气和的对话。这就可以解释为什么公开代理权战争的数量如此少,因为他们没能发现英国大部分发生在私下里的激进主义代理权战争。

然而,也有例外。英国出生的激进主义者爱德华·布拉姆松(后来搬到纽约生活,但是他仍旧喜欢喝茶而不是喝咖啡)以在公众场合与英国公司挑起争端而闻名。但是和传统的美国激进主义者不同,布拉姆松的 Sherborne Investors 公司通常一次只会针对一家公司。他倾向于在公司购买足够多的股票,从而在触发代理权战争之前成为其最大的投资者。他还通常会为自己寻求一个董事席位,旨在成为董事长。

2011 年,布拉姆松成功发动代理权战争对抗 F&C,接着这个英国第四大资产管理者先是积累了 19% 的股票,之后便加快自己进入董事会的脚步,最终成为董事长。他接下来进行了公开运动对抗私人募股公司 3i 和 Electra。由于 2014 年没能在 Electra 董事会得到席位,布拉姆松在 2015 年进行加倍努力在公司提高持股至 30%,并致力于进行公开论战。他最终勉强获得董事席位,并促使 Electra 的董事长辞职。

主要关注小型公司的英国激进主义对冲基金 Crystal Amber 也违背了英国的激进主义习俗,近几年开始利用舆论展开攻击。2010 年和 2015 年公司在两次不同的情况下，在松林电影制片厂建立自己的地位并试图赶走其董事长迈克尔·格雷德，该制片厂是詹姆斯·邦德电影的制片公司。Crystal Amber 还扰乱爱尔兰航空公司和桑顿巧克力公司以寻求改变。但是新的消息是公司正与一些海外投资者沟通，准备在 2012 年 12 月发动联合运动对抗连锁超市 Sainsbury's，以提升该对冲基金的名声。

然而，除了有关公开争端的这些反常的案例，考虑到英国的股东对看到公司公开宣扬的丑事往往保持沉默，看得见的冲突依旧只能是例外而非常规。

进入欧洲大陆的壁垒

如果英国很难为美国式激进主义提供机会的话，总部在欧洲大陆的公司的命运就会更加不祥了。Activist Insight 公司的数据表明，2010～2015 年欧洲大陆仅有 121 起公开运动。与之相比，同期英国有 163 起，而美国则大约有 2500 起。

> 如果英国很难为美国式激进主义提供机会的话，总部在欧洲大陆的公司的命运就会更加不祥了。

欧洲大陆的商业文化和英国的一样很保守，投资者也不会公开表明敌对立场。但是缺少激进主义意味着公司的股权结构有待调整。例如在德国，到 2015 年为止的 5 年内进行了 28 次公开运动，公司创始人家族往往在上市公司拥有更高等级的所有权。从历史上看，在德国有很高程度的交叉持股，因此公司可以互相持股以此作为抵抗外国收购者的手段。这对于激进主义来说是一种阻碍，虽然人们做了很多努力才结束这种常规行为。

对于激进主义者来说，另一个阻碍就是要克服德国的双层董事会体制。最高等级是监管董事会，德国法律要求该董事会成员一半要由雇员代表组成，另一半要由股东代表组成。第二等级则是管理董事会，其对公司运营有直接的影响。激进主义者能够在监管董事会得到席位，但是他们无法加入管理董事会，管理董事会对公司运营有更大的影响。因此，很少有激进主义者足够勇敢针对德国公司,除非是那些拥有大量现金,并且在利润增长和股价表现上绩效不佳的公司。

但是,近几年也有几家公司试图碰一下运气。美国东南资产管理公司 2015 年 1 月在阿迪达斯购入股票,而瑞典激进主义者 Cevian 资本 2014 年在蒂森克虎伯集团拥有 16% 的持股,并试图获得股东席位。然而,虽然 Cevian 拥有公司大约 1/6 的股票,但是它只能得到董事会会议室 20 个席位中的一个。德国的大型公司通过回购股票和在出价中提高分红作为对这些举动的回应,以分散激进主义者的注意力。它们还开始雇用法律公司和投资银行帮助它们在一旦成为目标时进行相关准备。

跨过德国边境,Activist Insight 公司的数据表明,2010 ~ 2015 年在法国有 19 起激进运动。在其中一个更为知名的运动中,美国激进主义者 P. 舍恩菲尔德资产管理公司在 2015 年购入维旺迪 0.8% 的股票,并推动该媒体公司提高对股东的资金回馈。维旺迪董事长和其最大股东——曾经是企业狙击者的文森特·博罗雷在公司提高其家族股票至 12%。他对此的回应是为了抵御激进主义者的进攻。维旺迪最终通过统一提高分红避免了一场代理权投票。

同时,维旺迪争端的利益相关之处还在于 2014 年法国《弗洛朗热法》通过后引入了新的双重投票权。这些条款允许公司持股两年以上的股东与短期股东相比拥有两倍的投票权,只要 2/3 的投资者支持执行此条例。这项法律允许法国公司引进毒丸计划,这在之前是不可以的。使用这两个手段的目的是使短期投资者的能力无效,并保护法国公司避免被收购。从理论上讲,它们为法国的激进主义者创造了一种更为敌对的环境。如果激进主义者想要在这样的双层股权结构中成功进攻法国公司,他们就要与指数基金经理和退休基金这样的长期投资者建立更好的关系。然而,有些人认为《弗洛朗热法》会让收购过程变得漫长,它将为激进主义者提供机会扰乱自己不满意的交易。

意大利和瑞士近几年都只有很少的激进主义代理权战争发生。其中最大的目标之一是瑞士银行（UBS），其在 2014 年和 2015 年吸引了骑士资产管理的注意。但是从总体上讲，意大利和瑞士着重关注家族公司、建立关系紧密的商业世界，所以其公司对于激进主义者来说是非常棘手的目标。

斯堪的纳维亚也成为使激进主义者感到不悦的猎场，即便瑞典的对冲基金 Cevian 公司是欧洲最大、最成功的对冲基金之一，管理着 150 亿美元资产。在总经理克里斯·加德尔的领导下，该公司更倾向于采取的激进主义手段是在公司内部买下重要位置（有时候多达公司 1/3 的股票），以便成为其最大股东。在 Cevian 运营的北欧有个习俗就是如果公司清楚最大投资者将会进行长期投资的话，就会为其提供一个董事席位。Cevian 通常会同时在大约 15 家公司进行投资，并会在公司待四五年。但是加德尔从来不会参与对公司的公开争论。像大多数欧洲本土的激进主义者一样，他更喜欢在幕后对公司施加影响。

虽然欧洲持续吸引着美国富有冒险精神的激进主义者，但这些公司并没有准备好接受欧洲这个特殊的市场，其拜占庭式的企业结构和面对公开对抗时的不适都会导致失败与令人失望的事件发生。

亚洲敞开大门

和欧洲一样，在亚洲公开的激进主义代理权战争也很少。亚洲许多公司都是由个人或者家族密切管理，大型投资者更不可能对其扰乱。很少有外国对冲基金能在与外国公司进行对抗时取得进展，它们咄咄逼人的策略通常不会在更倾向于尊重首席执行官和董事的企业文化中得到很好的回应。但是有一些信号表示亚洲公司可以成为未来激进主义代理权战争针对的主要目标。

> 和欧洲一样，在亚洲公开的激进主义代理权战争也很少。

欧洲的股东权利通常比美国的更为高级，这意味着欧洲并不是那么需要激进主义者，而亚洲公司的投资者通常比美国公司的投资者持有的权利还要少。在公司治理问题上，总的来说，亚洲公司远远不如欧洲和美国的同行。2010

年,一项具有影响力的研究显示,后来被 MSCI 收购的治理研究公司 GMI 评级,根据公司治理表现为 38 个发达国家和新兴市场进行了排名。前 10 名主要是欧洲和北美国家,以及澳大利亚、新西兰和南非。然而,亚洲四大经济体——中国、日本、印度和韩国分别排在第 34、35、20 和 28 位。

激进主义者靠看得见的公司治理弱点而发展繁荣,因为他们可以摆平其他投资者对他们的抱怨。因此,有着较为落后的公司治理规范的公司通常被视为可行的目标。虽然在许多亚洲公司中偶尔会有激进主义的事件发生,但是我们将主要关注两个国家,它们正经历的改变将会让它们在未来更易受到激进主义的影响,那就是日本和韩国。

对冲基金日益兴起的地方

日本首相安倍晋三认为能够扭转国家长达 20 多年经济萧条的一个办法在于让公司对外国投资者更有吸引力。为此,他做出的部分努力在于,推动公司增加它们用从投资者处得到的资本而产出的利润(这个方法也叫作股东基金回报率),并改善董事会运营方式。

首先,政府试图鼓励投资者,让他们所投资的公司对 2014 年发布的志愿管理者守则负起更多责任。在这些要求中,投资者发布了选举政策以及怎样进行投票的细节。守则鼓励投资者对他们所投资的公司在策略和运营表现上进行建设性的参与,尤其是当出现问题的时候。目前已经有 200 家公司签署了协约。首先签署协约的公司有日本政府退休投资基金,这是全球最大的退休基金,旗下掌控着 1.3 兆亿美元的资产。拥有该基金超过 30% 股票的外国机构投资者也要遵守这一守则。

安倍计划的第二个部分是关注公司本身。2015 年 6 月,政府和东京证券交易所联合发布了一个公司治理守则,旨在让日本公开上市的公司董事会能效仿西方国家公司。该守则要求公司董事会至少有两名独立董事,能够讨论高管继任和薪酬问题。守则还鼓励董事会与公司股东进行沟通。

这两个守则为激进主义者提供了温床。这些守则不仅创造了环境，鼓励更为积极的所有权形式，还清晰地显示出日本公司希望改善自己的治理规范并面对相应的结果。

与此同时，安倍还增加了经济运行中的货币供给，将日元贬值，并增加会提高公司（尤其是出口公司）股价的行动。结果，与经济萧条时期相比，日本公司对于激进主义者来说，成为风险较低的目标。

对于很多公司来说，日本长时间的经济不景气意味着坐拥大量现金比使用更行得通。目前40%的日本国内生产总值存在于公司资产负债表中。但是因为近期日本再次出现通货膨胀，安倍想要公司将资金投入经济运行中，采取的主要手段是提供更高的工资以及提高分红和股票回购等。他认为这将会刺激脆弱的经济兴旺发展。

为了达到这一目标，安倍还欢迎激进主义投资者对公司施压，进而给股东返还更多钱的行为。安倍和美国一位激进投资者——第三点基金的丹·勒布达建立了一种微妙的关系，这位投资者以其更为对抗式的手段而闻名。勒布会见了安倍，以及日本财务大臣麻生太郎和日本银行行长黑田东彦。在会面中，他被隐晦地鼓励对日本公司资产债务表中的现金资产进行进攻。

2015年早期，对于安倍为了让日本公司更为开放而做出的努力的检验到来了。勒布揭露第三点已经在发那科（Fanuc）公司进行了巨大投资，该公司是全球最大的机器人制造公司，也是日本市值第十的公司。勒布对公司40%的营业利润率表示赞赏，称公司在全球增长的机器人需求中处于有利的地位。但是他表示公司资本结构"不合理"（85亿美元现金并且没有负债），并鼓励公司回购股票。

发那科对于勒布来说看起来是个奇怪的目标。该公司就像是日本典型的、根深蒂固的商业一样对做出改变非常抗拒。20世纪70年代，公司从富士通公司剥离，自此便受其异乎寻常的创始人稻叶清右卫门及其儿子密切掌控。近几年来，股东总是被忽视，管理上的沟通只被限制在季度之初。然而到2015年公司一半以上的资产都由外国投资者控制。

3月，发那科称将会设立投资者关系部并会改善国内外投资者的沟通现状。发那科公司还表示将会把给股东的分红提高一倍，从净利润的30%到60%。公司称这一举动更多的是为了应对新的公司治理守则，而不是为了回应第三点公司的要求。公司表示将会与丹·勒布进行会面。这对于美国激进主义者来说是一次巨大的胜利。受其在发那科公司取得胜利的鼓励，第三点很快宣布已经在日本汽车制造商铃木汽车和零售企业Seven&i控股公司进行投资。

第三点公司之前在针对日本公司时运气时好时坏。2013年，该对冲基金在索尼投资11亿美元，试图让这家大型企业剥离出旗下娱乐产业并减少开销。勒布的要求遭到了拒绝，然而当第三点在2014年出售索尼股票时，公司表示通过这次行动获得了20%的利润。

美国的基金并不是唯一受到日本公司现金储备吸引的激进投资者。中国香港的激进主义公司Oasis Management曾试图在其他三家现金充裕的公司——任天堂、日本京瓷和佳能公司推动改变。这三家公司和发那科是日本最大的四家现金储备公司，共持有290亿美元。与此同时，最臭名昭著的日本激进投资者村上世彰，在经过一段时间的空窗期后再次开始寻找公司作为目标。2000年初期他尤其活跃，但是在2007年他因内部交易而被定罪。然而在2015年，他通过在日本公司谋求位置以及与女儿Aya一起工作来重振自己的名声。其他本土的激进主义者则没有这么高的名声。正如他们的欧洲伙伴一样，像Ichigo Asset Management、Misaki Capital、阿斯加资产管理公司以及TAIYO太平洋伙伴这样的公司更喜欢在幕后进行商业运作。

股东进化的本质，即日本的董事会关系看起来

> 股东进化的本质，即日本的董事会关系看起来让该国家对激进主义者来说更具吸引力。

让该国家对激进主义者来说更具吸引力。然而，正如在欧洲那样，只有能适应当地文化风俗的海外激进主义者才有获胜的机会。例如，丹·勒布从他对索尼展开的激进但是最后"流产的"代理权战争中得到了教训。当他在一年后回到日本时，他雇用了一位薪酬较高的顾问来指导他如何在日本的企业世界进行自己的行动。他很好地听从了他们的建议，其能够与日本政治家和发那科进行富有成效的会议就是直接的结果。

在首尔寻求机会的投资者

另一个让海外激进主义者进军之路充满坎坷的亚洲国家是韩国。和在日本一样，韩国公司过去非常抗拒进行改变，尤其是当外国投资者要求进行改变的时候。

然而，在一次鲜有的美国激进主义者获胜的案件中，卡尔·伊坎和另一家美国对冲基金钢铁伙伴（Steel Partner）合作，于2006年共同购入韩国最大的烟草公司——韩国烟草人参公司（KT&G）6.6%的股份。这两个伙伴最开始试图进行100亿美元的恶意收购，但是在失败后，它们推动公司投资其高丽参产业并返还给股东更多利润。公司管理层拒绝进行改变，并得到了工会甚至是总统的支持——其公开警告前国有公司曾经被恶意竞标收购。

然而，钢铁伙伴的负责人沃伦·利希滕斯坦成功得到了KT&G的董事会席位，这可能只是因为公司很大程度上是由外部投资者所有。然而在董事会上，利希滕斯坦成功劝说公司提高分红，回购股票，并出售一些房产组合。伊坎在一年内卖掉了其在KT&G的大部分股票，收到了33%的回报。

但是和日本不一样，韩国的机构持续给激进主义者创造着难以接受的市场，即便已经有迹象表明它们可能会从个体投资者处得到支持。这个趋势在2015年美国激进主义者保罗·辛格的埃利奥特管理公司和三星集团发生激烈冲突时表现得最为明显（三星是韩国最大的大型家族企业，也就是所谓的

"财阀")。

5月，三星宣布将第一毛织产业与三星物产合并的计划（三星实际上掌握着第一毛织产业）。三星物产是韩国最大的建筑施工企业。但是埃利奥特在三星物产公司购入了7%的股票，并起诉阻止这场交易，认为这会让该分支企业贬值70亿美元。它认为这场交易的组织方式是为了让三星身体状况不佳的董事长李健熙自然地将权力转交给他的儿子及继承人李在镕，三星物产因此会有所损失。

首尔的法院阻止了埃利奥特试图阻止交易的行为，因此对冲基金转而发动战争让股东投票反对这场交易。埃利奥特获得了很多其他外国投资者的支持，包括一些全球最大的退休基金（比如荷兰的APG和加拿大退休金计划投资局）以及像安本资产管理公司这样的投资者。埃利奥特的行动还收到了来自主要代理顾问ISS和格拉斯·刘易斯的支持。

埃利奥特表面上是为了获得短期利润而开展运动，但是因为这场运动与股东的权利相违背，该对冲基金得到了一系列韩国零售投资者的支持。个人在C&T购入股票的唯一原因就是投票反对这场交易。许多人在线上论坛上讨论这场运动，以及其对韩国股东权利的潜在影响。

公司股东基础由1/3外国投资者和1/3个人投资者组成，个人投资者包括韩国的公共退休基金全国退休基金，该基金占有12%的股份。大多数外国投资者支持埃利奥特，但是双方都付出了很大努力争取游说个人投资者。在韩国零售投资者通常被看成"蚂蚁"，因为他们的力量很微弱。寻求支持已经成为这场运动的主要论题。

三星看起来研究过50多年之前进行的激进运动，当时路易斯·沃夫森说服蒙哥马利·沃德百货公司内部有共鸣的员工，挨家挨户地代表他进行游说运动。但是现在有5000名C&T员工被游说支持公司交易而不管公司是否支持激进主义者。线上论坛上有很多报道，员工敲开股东的门，送上西瓜和核桃蛋糕试图劝服他们支持并购。零售投资者也就这件事在网上发布评论，相关的广告也出现在了当地报纸的首页上。

为了并购能够进行，公司需要 2/3 的投票予以支持。实际上，公司得到了 69.5% 的支持，这个数字刚刚超过 2/3，但是其产生的长期影响是深远的。双方所得支持率相差无几，显示出外国投资者在曾经拥有无上权力的"财阀集团"中变得多么有影响力。这还显示出个人投资者在感觉到自己的股东权利受到影响时能够变得多么有影响力。除此之外，这场运动还对像国家养老基金这样的国内投资者施加了压力，让其决定是否应该在维护公司治理标准时起到更重要的作用。

对于激进主义者来说，这显示出，虽然韩国最大的公司变得有影响力仍有很多阻碍，但是有很清晰的迹象表明人们对曾经至高无上的"财阀"开始觉醒了。最敢于冒险的激进主义者可能跃跃欲试想要利用这次机会。

在像日本和韩国这样的亚洲国家内进行的改革对于想要股东席位的激进主义者来说没有吸引力，但是这些国家可能会更努力在资产负债激进主义方面做出更多的努力。在这种情况下，异见者的目标是公司的现金储备，他们试图通过提高分红、回购股票或者推动并购对股东重新分配资金。

亚洲公司现金储备的吸引力，加上政府和个人投资者对企业顺从、尊敬的态度的转变，以及逐渐增多的外资股权使亚洲大陆看起来将会成为激进主义者新的前线。

| 第12章 |

期望的负担

无论怎样看，激进主义对冲基金所有者都历经了非常精彩的5年。在这5年内，他们将自己从处于市场边缘的投资者转变成为推动全球最大并购和收购的人。他们对非常有影响力的高管的事业进行了打击，与此同时他们自己的名声也在高涨。像卡尔·伊坎、纳尔逊·佩尔茨和比尔·阿克曼这样的激进主义者曾仅被看作鼓吹者和煽动者，现在他们也会被与像沃伦·巴菲特这样受人尊敬的投资者进行比较。

> 无论怎样看，激进主义对冲基金所有者都历经了非常精彩的5年。

调研机构HFR数据显示，作为一个整体，激进主义者收到委托进行管理的资金几乎增至三倍，从2010年不到470亿美元到2015年年底的1300亿美元。他们所持有的资金越多，他们就会有更多的力量对目标公司索取更多。正如我们在本书中一直提到的那样，激进主义者曾经努力征求的只是接近董事会会议室，而现在他们寻求的是董事会对他们不那么抗拒，并打开董事会会议室的大门。

但是这些胜利也给他们带来了负担，就是人们认为激进主义者在未来会继续自己的成功。然而，有些迹象表明好时候不会持续了。

首先，要考虑他们强势的投资回报。在过去的 5 年内，激进主义者一直是表现最好的对冲基金团队成员之一，这曾是他们能够吸引这么多资本的主要原因。但是，在这些回报中，有很多要归功于对激进主义者很友善的市场状况——这些状况很容易改变。

例如，2015 年对于对冲基金（尤其是激进主义对冲基金）整体来讲是糟糕的一年。HFR 的数据显示，激进主义者的回报率只有 0.24%，而一些有名的基金表现尤其差。潘兴广场管理基金 2014 年的回报率是 40%，而到 2015 年结束时这个数字降低了 20%，这是其 11 年内最严重的损失。糟糕的表现持续到 2016 年，HFR 激进主义者指数显示出第一季度其表现糟糕，而潘兴的表现则更为糟糕。虽然基金管理者试图让这些数字仅在这几年内一次性出现，并说服他们的投资者未来的回报将会有所改善，但是他们的一些新支持者可能已经感到害怕了。

这揭示出激进主义者一个重要的弱点，就是他们基金的运行方式通常和股票市场相似。近几年，激进主义基金强势的回报率与股票市场的增长时期相一致，这一情况在美国表现得尤其明显。人们期望对冲基金能在与股票和基金市场无关联的情况下进行回报，这可以为他们的投资者资产组合提供多样性。然而，激进主义者比起对冲基金策略，与公开上市公司财富之间的关系更为紧密。下一次对股票市场和股价全面剧烈下跌进行修正时，激进主义者也可能受到影响。在这些基金中，很多投资者将会感到恐慌并试图撤出自己的资金。这对于新兴且规模较小的基金来说，情况更为糟糕，许多基金可能面临倒闭。

这样的事件曾有过先例。21 世纪中期的激进投资浪潮因为金融危机的震荡而崩溃。大多数激进主义基金在 2008 年都经历了糟糕的一年，许多甚至没能存活下来。有关激进主义基金回报率 HFR 指数，2008 年是 40.1%，同时投资者撤出了 43 亿美元的资金。2009 年，这些基金有所复兴，回报率为 30%，但是投资者仍旧撤出了 123 亿美元的投资。2008～2011 年，指数中的基金数量从65家降至48家。我们已经看到迹象表明新兴和规模较小的公司感受到了压力。2016年2月，有10年历史并掌控13亿美元资金的对冲基金——Orange Capital，宣布将要在其主要的基金回馈以后关闭公司。算上相关费用后，其2015年前11个月的回报率是7.4%。

另一个激进主义者曾经享有的，近几年来很快就要结束的优势就是廉价举债的可行性。自从信用危机后，全世界的政府都维持着超低的利率，这意味着借钱更为便宜了。激进主义者从中直接和间接地受益：他们能借钱在公司购入更多股票，能推动自己投资的公司借更多的钱或者运用他们已经壮大的资产负债表，以股票回购或者提高分红的方式返还给股东更多现金。当激进主义者提出这些要求时（通常统称为资产负债激进主义），就是他们被批评为短期主义者的时候。但是随着像美联储（FED）这样的中央银行逐渐提高利率，这些策略将会难以实现。

近几年来，还有一个对于激进主义者有利并与低利率相关的趋势：并购和兼并的繁荣。2015年，全球进行了价值超过5兆亿美元的交易，比2014年相比提高了37%，也是自调研公司迪罗基在1980年追踪该数据后交易额最高的年份。许多激进主义运动和并购交易关系密切，无论激进主义者是否劝说公司将自己出售给对手或者扰乱已经准备好的交易。随着利率的提高，并购交易的总数将可能减少，因为得到资金的价格将会更高昂。所以，对于激进主义者来说机会更少了。

不考虑金融和经济原因，最终激进主义者可能会因自己的成功而遭受痛苦，而这与他们在企业董事会和最大投资者之间动态关系改变中起到的作用有关。

当激进主义者因为公司和股东之间缺少沟通而获得优势时，会变得更有影响力。他们所选中的目标公司的董事会和高管看起来非常抗拒让投资者参与影响他们运营公司的方式。当激进主义者发动对抗公司的代理权战争时，其他股东就会增加对他们的支持,作为让根深蒂固的董事会瓦解的一种方式。

但是随着公司董事开始寻求能够让自己在面对激进主义者攻击时不那么脆弱的方法,他们开始更多地追求机构投资者。就在几年前,互惠基金和退休计划的经理人在年度大会召开之前,会非常幸运地与公司代表进行5分钟的通话。而现在首席执行官和董事将在全年定期与他们的主要股东进行沟通。

结果,企业董事会与其主要投资者更紧密的联系,消除了潜在会受到激进主义者攻击的劣势,并减轻了对其他投资者的吸引力。

过去激进主义者得以因为董事会和他们股东之间的不和谐关系而繁荣发展,并且能够要求实行像给投资者返钱等短期措施,然而这些趋势创造的世界,让激进主义者更难获得成功。相反,那些能够帮助公司更好地运行,并且为了更广阔股东基础的利益考虑的人将会被放到更好的位置上。

后　　记

接下来会发生什么

这里我们将会关注本书记录的代理权战争中涉及的主要人物和公司接下来会发生些什么。

比尔·阿克曼：虽然他与威朗的迈克尔·皮尔逊之间的关系没能让他们最初收购艾尔建的计划得以实现，但是这两人仍旧紧密合作，皮尔逊也成了威朗重要的投资者。但是双方的关系处于巨大的压力之下，尤其是当2015年一整年这家制药公司出现严重的问题时。因为形势每况愈下，阿克曼在2016年春天加入威朗董事会。

艾尔建：在被Activis收购后，新公司重新命名为艾尔建PLC，并重新选址于Activis的总部爱尔兰。就在几个月以后，艾尔建同意以1.6亿美元的交易价格与辉瑞制药公司并购，这将是历史性的事件——曾经最大的制药产业和第三大制药公司的并购。但是2016年春天，美国财政部宣布将会对税费倒置行为持有更强硬的立场，这使得交易处于进退两难的境地。

联盟信托：这家总部在丹迪的投资公司宣布在 2015 年年底进行 1.3 亿英镑的股票回购，帮助其将折扣率从 12% 降至不到 8%。联盟信托的投资表现因为新的管理团队得以改善。

史蒂夫·鲍尔默：在离任微软首席执行官前几周内，鲍尔默个人以 20 亿美元的价格竞标收购洛杉矶快船队。2014 年 8 月，他成为其正式所有人，而这正好发生在其离开微软董事会一周以前。

达登餐厅：在计划拟定后，为了扭转像橄榄园餐厅这样的连锁店的运营现状，公司成立了新的董事会和管理团队。餐厅在 2015 年一整年获得了高于预期的销售额，部分是因为墨西哥餐馆 Chipotle 这样的快餐对手出现了麻烦。

杜邦：接近 2015 年年底时，新的首席执行官爱德·布林同意与竞争对手陶氏化学公司进行并购，这家公司曾经受到激进主义者丹·勒布的进攻。这场 1.3 亿美元的交易旨在最终让联合公司得以剥离成三部分，但是位于特拉华州的杜邦总部经历了重大的裁员。

埃利奥特管理公司：这个美国对冲基金的英国分支机构将其在联盟信托的投资提高到了 15%，并继续密切关注其折扣情况。与此同时，美国的母公司制订计划让乔恩·波洛克接替创始人保罗·辛格成为联合首席执行官。

凯瑟琳·加勒特·考克斯：联盟信托前首席执行官降级为这家投资公司基金管理部的主管。但是 2016 年 3 月，加勒特·考克斯离开联盟信托，这发生在她成为当年年度商业女士不到 10 个月后。

惠普公司：2015 年年末，这家电脑先锋者被剥离成两个独立的实体，其中一个专注于提供企业硬件和服务，而另一个则致力于电脑和打印机方面的服务。在公司剥离后，最多会有 30 000 个工作岗位被裁掉，占联合公司所提供工作岗位的 10%。

卡尔·伊坎：当这位著名的激进主义者进入其人生的第 90 个年头时，他仍没有要放慢自己脚步的迹象，发动了对抗 AIG、eBay、家庭美元店、施乐公司、谢尼埃能源公司和 Pep Boys 汽车零件公司等的代理权战争。他还找时间支持唐纳德·特朗普的总统竞选运动（如果特朗普当选总统，他可能成为财政部长）。

贾纳合伙公司：2015 年 4 月，贾纳利用自己在沃尔格林董事会席位的话语权将约翰·莱德勒带进董事会。约翰·莱德勒是沃尔格林 2010 年收购的纽约连锁药品公司里德药店的前任董事长和首席执行官，以及美国食品公司总经理和首席执行官。

柯爱伦：柯爱伦经常出现在《财富》杂志评选的全球最有权力女性名单之列。2015 年 10 月，柯爱伦从杜邦首席执行官的岗位上退休，并离开了董事会。她仍然服务于美国联合技术公司董事会。

丹·勒布：离开雅虎董事会后，勒布与这家互联网公司保持了一定的距离。第三点公司转而关注像陶氏化学这样公司的重要投资，以及在日本建立自己的威望。

玛丽莎·梅耶尔：在没能通过一系列科技并购增加雅虎的财富后，梅耶尔从 2016 年开始受到密切关注。因为雅虎有相应的计划出售其核心产业，梅耶尔首席执行官的位置看起来并不安全。

微软：公司股价在 2015 年上涨了约 20%，原因是其强有力的盈利状况和 Windows10 操作系统的成功发布，在其发布的前 6 个月便获得了 1.1 亿次的下载。

梅森·墨菲特：在威朗平息了公众对其审计情况的批评后，这家制药公司在 2015 年 10 月将墨菲特带回了董事会，而这仅发生在其离开一年以后。但是他所设计的高管薪酬激励体系遭到了一些人的批评，他们认为这让迈克尔·皮尔逊承担了太多的风险。

萨提亚·纳德拉：在成为微软首席执行官 6 个月内，纳德拉在一次会议上对女性是否应该要求加薪的评论在网上引发了论战，后来他对自己的言论表示道歉。他在微软的管理团队为他赢得了几乎全球的盛誉。

克拉伦斯·奥蒂斯：在从达登首席执行官和董事长的位置上离开后，奥蒂斯继续在一些企业和非营利的公司董事会服务，比如威瑞森公司和 Boys & Girls 的全国理事会。他还加入了营养公司健康饮食的董事会。

迈克尔·皮尔逊：这位威朗的首席执行官在 2015 年备受煎熬，他所创立的公司因为一些药品价格过高遭到了政治家的批评，还被控诉有不规范的审计问题，其股价因此暴跌。皮尔逊当年一直因严重的肺炎住院吃药，吃了很多苦头。2016 年春天，他重回公司，但是只宣布将很快会在投资者持续抛售威朗股票后离职。

纳尔逊·佩尔茨：柯爱伦辞去杜邦首席执行官一职后，佩尔茨首次与公司董事会进行了会面，同时第三点增加了持股，新购入 120 万股股票。杜邦让爱德·布林成为首席执行官的决定似乎是安抚佩尔茨的举动，因为布林随后的举动便是削减开销以及寻求与陶氏化学建立联系。

潘兴广场资本管理公司：在为艾尔建推动交易失败后，潘兴用在运动中得到的资金向威朗投资。因为股价最开始上涨，所以此举看起来是一记妙招。但是在威朗遭受一系列控诉股价暴跌后，潘兴在 2015 年经历了最糟糕的一年，其旗下一只基金贬值 20%。

斯特凡诺·佩西纳：佩西纳曾经作为沃尔格林－联合博姿集团全职首席执行官，2015 年 10 月他以 94 亿美元的价格收购对手来德爱公司，以继续他的收购热潮。但是这场交易也因为潜在的反托拉斯问题受到了美国监管机构的审核。佩西纳暗示这场交易不会成为他的最后一场交易。

大卫·派奥特：当艾尔建被出售，派奥特收到了生涯中最多的薪酬后，他发现自己失去了工作（即所谓的高额离职补贴），自此派奥特将大部分时间都用在董事职务上。他还为自己的母校伦敦商学院捐献了 530 亿英镑，计划在非洲建立一家眼科医院并写一本书。

Relational Investors：这家对冲基金在其两个创始人拉尔斐·怀特沃斯

和大卫·巴彻尔德从日常工作离职后，继续抛售仓位并给股东返还资金。

巴里·罗森斯坦： 贾纳公司2015年春天宣布进行其最大投资时（承诺以20亿美元的价格投资美国高通公司），罗森斯坦将这家芯片制造商与沃尔格林进行了对比，认为这家标志性的公司正在迷失自己的方向。但是高通在贾纳公司占据一定的位置后仍旧苦苦挣扎，股票在接下来的6个月下跌了超过1/4。

杰夫·史密斯： 虽然史密斯成功迫使雅虎重新思考自己剥离亚洲资产的计划，但是2016年1月他还是加紧了自己进行对抗运动的步伐。他给雅虎董事会写了一封信，要求改变管理团队并为其施加压力出售或者剥离其核心互联网产业。

Starboard Value： 该对冲基金推动达登出售其资产组合后，Starboard Value试图让零售商梅西百货也进行相同的行动。然而，正如在达登那样，梅西百货的董事会拒绝剥离其价值210亿美元的房产。2016年早期，Starboard Value表示计划减少在达登的股票至5%。

第三点基金： 2015年8月，第三点同意就2011年最初在雅虎购入股票时没能告知美国联邦贸易委员会这个反托拉斯组织一事，与其达成和解。与此同时，第三点继续寻求日本其他公司作为目标。

特里安基金管理： 据《华尔街日报》报道，该对冲基金在杜邦和陶氏化学之间的并购研究中起到了关键性的作用。特里安受邀提供相关信息介绍这两家公司是怎样最终分割成三个产业的。

威朗： 威朗阻止收购艾尔建的行动提高了它的名声，并使其股价飙升，这为其带来了更多激进主义者的支持。接着公司以110亿美元的价格收购了萨利克斯，这是艾尔建差点购入的一家制药公司。然而，威朗当时成了卖空型投资者的目标，他们更担心其审计情况，公司还因为特定药物的价格收到了联邦传票，结果股价暴跌。

ValueAct： 作为威朗的一位主要投资者，ValueAct是因为该制药公司的灾难而饱受折磨的几家激进主义公司之一。虽然公司在微软的股票运行良好，但是其必须抛售1/4的股票以平衡自己的投资组合。2016年，这家总部在旧金山的公司成功从在早期富时指数清单上的劳斯莱斯董事会得到一个席位。

沃尔格林－联合博姿集团：为了让美国联邦贸易委员会满意，公司不会在收购来德爱时造成垄断。沃尔格林列出了一份清单，上面有美国特定地区几百家需要关闭的店铺名称。然而，这家联合公司在缩减店铺后仍有10 000个销售渠道。

格雷戈里·沃森：像克拉伦斯·奥蒂斯一样，沃森是威瑞森董事会的另一个前任董事。2014年年末，从沃尔格林退休后，沃森于2015年年末加入了PNC金融服务董事会。

梅格·惠特曼：观察到惠普这家最大的科技公司空前瓦解的现状，惠特曼的任务是试图让公司（主要关注企业服务，这是她作为首席执行官时所推动的事项）在云计算的进化世界中更有竞争力。

拉尔斐·怀特沃斯：在怀特沃斯从惠普董事长职位及其他董事职位退休后，他开始关注自身健康。怀特沃斯和其妻子创建了免疫治疗基金，该慈善组织致力于癌症研究。

雅虎：这家互联网公司在解决怎样从死气沉沉的核心产业中分离出有价值的亚洲资产时，面临着不确定的未来。更糟糕的是，它失去了稳定的高管团队，投资者对其首席执行官玛丽莎·梅耶尔的信心达到了史上最低，其营业额也持续下降。

参 考 文 献

非常感谢以下文章和书目的作者，为我提供了相关的背景信息（阐释得非常清晰）以及本书中部分材料的原始来源。

"An investor calls", *The Economist*, 7 February 2015——这是一篇关于在美国董事会会议室中激进主义者影响逐渐扩大的深入分析，其中包括公司被当作目标后的相关表现情况。

"Nelson Peltz tight-lipped on DuPont", CNBC (http://video.cnbc.com/gallery/?video=3000183711), 27 July 2013——在这场对纳尔逊·佩尔茨的采访中，这位第三点基金管理公司的首席执行官没有否认他已经在杜邦购入股票的传言。

David Benoit, "Dow, DuPont deal cements activists' rise", *The Wall Street Journal*, 11 December 2015——这篇文章的关注点在于激进投资者和互惠基金经理之间逐渐增强的伙伴关系。

David Benoit and **Kirsten Grind**, "Activist investors'secret ally：big mutual funds", *The Wall Street Journal*, 9 August 2015——这篇文章分析了在威朗

和潘兴收购艾尔建的运动中，比尔·阿克曼和迈克尔·皮尔逊之间很紧张的关系。

David Benoit and **Matt Jarzemsky**，"Darden bondholders protest plan to spin off real estate"，*The Wall Street Journal*，22 July 2015——这篇文章详细阐释了达登试图推动房产分离时从债券持有者那里受到的阻碍。

Andrew Bounds，"Alliance Trust boss Katherine Garrett-Cox wins Veuve Clicquot award"，*Financial Times*，12 May 2015——这篇关于凯瑟琳·加勒特·考克斯的采访报道是在其刚刚被评为英国年度商业女士后进行的，但是仅在几个月后她就被降职了。

Jacob Bunge，"DuPont's swing voter：the small investor"，*The Wall Street Journal*，6 May 2015——这篇文章关注杜邦和特里安共同为游说个人投资者所做出的努力。

Jacob Bunge and **David Benoit**，"For DuPont's CEO, highstakes vote looms"，*The Wall Street Journal*，13 April 2015——这是一则关于柯爱伦的采访，杜邦首席执行官声称特里安试图在杜邦建立"幕后管理操作"，并推动短期议程。

Nicholas Carlson，*Marissa Mayer and the Fight to Save Yahoo*！（Twelve，2015）——这本书记载了让玛丽莎·梅耶尔成为雅虎首席执行官的事件全程，以及其在位前几年发生的大事。

William Cohan，"Starboard Value's Jeff Smith：The investor CEOs fear most"，*Fortune*，3 December 2014——这篇关于杰夫·史密斯的概述性文章写于 Starboard Value 完全取代达登董事会席位，同时史密斯自己成为董事长之后。

Nadia Damouni and **Mike Stone**，"Fidelity moves to end DuPont proxy battle-sources"，*Reuters*，30 March 2015——这篇文章揭示了互惠基金经理人富达向特里安和杜邦同时施压，旨在令双方达成和解。在此之后，纳尔

逊·佩尔茨立即试图重启和谈。

Anupreeta Das，"Activist investor sends ripples to make waves，"*The Wall Street Journal*，7 October 2012——这篇关于巴里·罗森斯坦的概述性报道谈及他对瑜伽、冲浪以及布鲁斯·斯普林斯汀的兴趣。

Steven Davidoff，*Gods at War: Shotgun Takeovers*，*Government by Deal and The Private Equity Implosion*（Wiley，2009）——这本书来自《纽约时报》的"交易专家"版块，通过论述导致激进主义者兴起的一些条件着眼于收购案例。

Stephen Gandel，"Nelson Peltz woos DuPont shareholders with criticism and carrot cake"，*Fortune*，22 April 2015——这篇文章详细阐述了特里安在杜邦举行投票前进行的股东活动。

Jay Greene，"ValueAct pressure may have played role in Ballmer leaving"，*The Seattle Times*，23 August 2013——这篇文章包括几个采访，关于史蒂夫·鲍尔默和约翰·汤普森对 ValueAct 在鲍尔默离职中起到的作用所进行的评价。

Ed Hammond，"Walgreens urged to leave US to gain tax benefit"，*Financial Times*，13 April 2014——这篇文章透露了有关一组对冲基金和沃尔格林管理团队会议的消息，会议上投资者游说与联合博姿进行税费倒置。

Eyk Henning，"Activists hit block on German boards"，*The Wall Street Journal*，26 October 2015——这篇文章深入着眼于德国公司董事会结构是怎样使其成为激进主义者更难争取的目标。

Jonathan Laing，"How Nelson Peltz gets results"，*Barron's*，4 July 2015——这是一篇关于特里安资本伙伴纳尔逊·佩尔茨、彼得·梅和爱德·戈登的概述性文章。

Dana Mattioli，"Activist pushes for split of Darden Restaurants"，*The Wall Street Journal*，9 October 2013——这篇文章首先揭示了巴林顿资本将达登

餐厅剥离成两家独立的公司。

Vipal Monga, **David Benoit** and **Theo Francis**, "As activism rises, US firms spend more on buybacks than factories", *The Wall Street Journal*, 26 May 2015——这篇文章分析了激进主义者对公司资本管理的影响，包括资本收益和资本支出的对比数据。

Ronald Orol, *Extreme Value Hedging: How Activist Hedge Fund Managers Are Taking on the World* (Wiley, 2009)——这本书描述了从激进主义对冲基金开始至金融危机之后的早期发展阶段。

Patricia Sellers, "Carol Bartz exclusive: Yahoo 'f--ed me over'", *Fortune*, 8 September 2011——遭到解雇后，卡罗尔·巴茨马上接受了《财富》的采访，在采访中她称自己之前在雅虎董事会的同事是"蠢货"。

Michael Siconofli, "Walgreen shakeup followed bad projection", *The Wall Street Journal*, 19 August 2014——这篇文章声称沃尔格林的首席财政官和药剂室主管在一次严重的错误预期后离开公司，他们因此遭到谴责。

Lawrence Strauss, "Jana Partners' Rosenstein", *Barron's*, 17 May 2014——这是一篇关于巴里·罗森斯坦的概述性文章，文章中引用了一位贾纳投资者的话："如果卡尔·伊坎要用武力进攻，那么巴里则用外柔内刚的方法加以应对。"

Kara Swisher, "Ready to rumble or make nice? Activist shareholder Daniel Loeb could strike sooner than Yahoo thinks", *All Things Digital*, 9 February 2012——这篇文章着眼于丹·勒布在发动代理权战争之前在雅虎进行的调研和建立的同盟关系。

Kara Swisher, "Not so Scott free? Yahoo's other big shareholder-Cap Re-leaning toward supporting Loeb over Thompson ResuMess", *All Things Digital*, 10 May 2012——这篇文章揭示了 Capital Research 是怎样开始支

持第三点基金进行对抗雅虎的运动的。

Ashlee Vance,"Oracle chief faults HP board for forcing Hurd out", *The New York Times*,9 August 2010——这篇文章公布了拉里·埃里森给《纽约时报》发送的邮件,在邮件中他抨击惠普董事会迫使马克·赫德辞职的行为。

Jen Wieczner,"The leader of Europe's activist invasion", *Fortune*,1 September 2015——在这篇关于Cevian资本克里斯·加德尔的文章中,这位瑞典投资者在采访中论述了自己对于激进主义者和欧洲更为私人的代理权战争所采取的应对方法。

飞行家系列

一人,一书,一段旅程,插上文字的翅膀,穿越大海与岁月

繁荣的背后:解读现代世界的经济大增长
ISBN:978-7-111-66966-1
探寻大国崛起背后的逻辑,揭示现代世界格局的四大支柱

世界金融史:泡沫、战争与股票市场(珍藏版)
ISBN:978-7-111-71161-2
从美索不达米亚平原的粘土板上的借贷记录到雷曼事件,一部关于金钱的人类欲望史;一部"门外汉"都能读懂的世界金融史。

左手咖啡 右手世界:一部咖啡的商业史
ISBN:978-7-111-66971-5
一颗咖啡豆穿越时空的故事,翻译成15种语言,享誉世界的咖啡名著,咖啡是生活、是品位、是文化、更是历史,本书将告诉你有关咖啡的一切。

宽客人生:从物理学家到数量金融大师的传奇(珍藏版)
ISBN:978-7-111-69824-1
一位科学家的金融世界之旅,当你研究物理学的时候,你的对手是宇宙;而在研究金融学时,你的对手是人类。